張靜江、張石銘家族（下）

一個傳奇家族的歷史紀實

張南琛　宋路霞　著

目錄

中國古錢大王張叔馴

張叔馴是張氏家族數位傳奇人物中更具個性的人物，也是一位深受家族成員和眾多朋友喜歡的「快樂王子」。如前所述，他繼承了其父熱衷中國傳統文化的細胞，在二十世紀30年代，成為中國最優秀的收藏家之一，被譽為中國古錢大王。

高牆深院裏的「小開」

張叔馴（乃驥1899－1948）是張石銘的第7個孩子，也是張石銘的元配夫人徐咸安生的最小的一個孩子。他從小聰明伶俐，長得虎頭虎腦，一雙大眼睛像是總在探究著什麼，很討大人喜歡。

如同很多傳統的大家庭一樣，他父親耽心家裏的財氣會給孩子的安全造成隱患，不放心他們外出讀書，就把他們都圈在大宅院裏，花高薪聘請先生來教孩子們讀書。以至於張家南號的孩子在離開石路大宅院之前，

古錢大王張叔馴

張叔馴的古錢拓片製成的扇面

都不曾進過新式學堂，他們的學問全是在高牆深院裏跟私塾先生學的，儘管石路大宅院距離新潮洶湧的南京路只有兩條馬路。

張叔馴的國文老師是浙江海寧著名的「陳閣老」[註1]的後代。陳家祖上有人在清廷裏做高官，獲得朝廷很多賞賜。陳老先生本人是一位學問淵博的老夫子，晚清時在京城裏當翰林，辛亥革命以後家道中落，寓居上海，成為張家的家庭教師。論年齡，他應當跟張石銘差不多。

這位陳老先生為張家立下了很大功勞，教了張芹伯、張乃驊、張叔馴一代人，又教了張蔥玉、張南琛、張澤璉一代人。經他教授的這些張家子弟，其中有3位後來在文化界卓有建樹——張芹伯成了著名藏書家；張叔馴是古錢幣大王；張蔥玉成為第一流的書畫鑒定大師。除了家庭的影響和他們個人的努力，他們的國學根基，理應歸功於這位陳閣老的後人的教誨。陳老先生的女兒陳德和也是張家的家庭教師，負責教女

孩子，也是教了兩代人，她們是張湘英、張淑英、張穎初、張微。陳老先生在張石銘去世後仍健在數年，還跟隨張叔馴一家搬至淮海中路的大花園裏住，抗戰前在那裏病逝。他的女兒陳德和在抗戰爆發後回到鄉下。現在的張家人還常常談起這兩位張家的有功之臣。

名師出高徒。張叔馴師從這樣一位老學究，從小打下的國學根底自然不同凡響，加之家學之薰陶，舉手投足之間，日夕過眼之物，不是古籍既是古物，其文化學養和價值取向，自然就與傳統文化結下不解之緣。

張叔馴、徐懋倩夫婦

大宅門裏的生活規矩是很大的，老師給安排的功課很多，即便是課餘休息，也不能出去瘋玩，最多被允許在院子裏「放放風」，但是多數時間，張叔馴只能在父親的書房裏轉悠。父親面對走來找樂子的小兒子，總是用手邊的銅板、刀幣和小型的青銅器來開啟他的智力。

在他11歲的時候，他的母親不幸去世了，他一下子陷入了茫然，好在還有

姐姐張智哉（老六）年齡與之相仿，可以陪他度過不少時光。這段日子對他後來的生活產生了很大影響，在後來的數十年間，這位姐姐是家族中與之最親近的人。

父親對他非常關愛，但是父親的關愛是理性的，管教很嚴，要求他用心掌握中國傳統文化，所以把每天的功課都安排得很滿，還親自擔任他的青銅學和古錢學的指導老師。

其父治家有一個很簡單的辦法，就是每天早晨早飯過後，走到大院第二進的花廳裏，在一個雕刻精美的紅木椅子上坐下，手裏拿著一本線裝書。他的確是在看書，不時地翻動書頁，但是耳朵可以聽到整個大宅院的所有聲響。尤其是他的眼睛，能夠直接看到院子裏的那個照壁，所有從照壁兩側進進出出的人，都逃不過他的眼睛。小孩子若要到院子外面去，必須向老太爺講清出去幹什麼，得到允許才能出去。當然，孩子們有時也能偷著溜出去玩，那就要瞅準老太爺不坐在花廳裏的時候。但是，出去的時候可以瞅準時機，而回來的時候就無法瞅準時機了，一旦被老太爺撞上就少不了一頓教訓。

到1928年他父親去世的時候，張叔馴已年近30，已經娶妻育子，而且在古錢界已經很有名氣了。他在這前一年，創辦了中國第一份錢幣學的雜誌《古泉雜誌》註2，儼然古錢界的領軍人物了。

1932年張家南號分家的時候，張叔馴已經30歲出頭了。他獲得了200多萬元遺產，一下子成了雙份的百萬富翁，從此經濟上獲得了獨立，有了自己的帳房，可以按照自己的意願發展了。由於他那與生俱來的追逐新事物的天性，以及對中國古錢的特殊愛好，使他的鈔票很快有了兩個不錯的去處：一個是在霞飛路（今淮海中路）建起了一棟很

講究的大花園洋房，從此告別了石路上他父親苦心經營幾十年的張家老宅院；另一個是在古錢收集上「大打出手」，短短幾年時間，就把滬上那些老牌的錢幣收藏家甩在了後頭。

古錢幣收藏的冠軍

張南琛、席與時夫婦在浙江省博物館參觀其父張叔馴當年的古錢拓本。

中國現代錢幣收藏界向以「南張北方」為巨擘。「北方」是指天津的方藥雨（即方若），其藏品以刀布為最好；「南張」就是張叔馴了，藏品以圓泉著名。註3

張叔馴20來歲的時候，就已經走南闖北，為錢幣而奔忙了。他除了要料理家族企業中的一部分鹽業，常去鎮江等地查賬外，主要精力都放在了他的錢幣收藏上。他有眼光，有魄力，又有經濟實力，在泉幣界久負盛名。

著名泉學家張絧伯先生曾記下了他們的交往：「……牙制樣錢，以象牙雕成，形較常品為大，厚約三分，工精製美，致可寶愛。民國十四年，張叔馴得

於故都宣內曉市冷攤，舉以相贈，友朋厚意，藉表謝忱。此種牙錢最不易得。」

這種用象牙雕成的樣錢，歷來被視為極難得之珍品，因為那是朝廷在開鑄一種新年號的製錢時，鑄錢局把錢幣樣式設計出來之後，呈請皇帝過目的樣品，不可能多有，一般只雕一枚或幾枚，以供選用，所以大凡牙樣全是孤品，何況還是皇上御覽之物，就更值錢了。張叔馴財大氣粗，年富力盛，在1925年就舉牙樣送人，可見其眼界和為人。「故都宣內曉市」是指北京宣武門內大街上的鬼市，每天凌晨時分，各地古董鬼子懷揣秘寶從四面八方聚攏來，黑燈瞎火，影影瞳瞳，真真假假，運氣好的時候，往往能撞到不經見的寶貝，是行家裏手走動的地方，天一亮就散了。張叔馴起碼在1925年就北上逛鬼市了，可知他的功夫。

30年代中期，當方藥雨把泉幣藏品賣給了上海陳仁濤時，正是張叔馴獲得了200萬遺產，在收藏上大舉「擴張」之時。

關於他的古錢收藏，歷來受到行家們的高度評價。二十世紀40年代的泉界泰斗丁福保先生，在他主編的《古錢大辭典·總論》中介紹說：「張乃驥字叔馴，號齊齋，浙江吳興人，石銘孝廉三子，家藏金石碑版及宋元明書畫甚富。君以家學淵源，耳濡目染，見多識廣，精於鑑別，性又好古玉古泉，而嗜古泉為尤酷，大力搜求，不惜鉅資，各地奇珍，多為所獲。藏泉之富，甲於東南，與寓居津門之方劬園，並駕馳驅，時人號曰『北方南張』，蓋今世之南北兩大家也。北方以刀布勝，南張以圓泉勝。所藏有劉守光之應天元寶背萬，及應聖元寶背十，皆為海內孤品。又得南唐前朝之大齊通寶，因自號齊齋。民國

十五年，君創古泉社於滬上，邀金山程吳泉氏董其事，嘗發行古泉雜誌一期。二十五年，上海各古泉家創古泉學會，邀君任副會長，發行古泉學五期。翌年改選，君任會長……」可知他當時的老大地位，已無可置疑。

丁福保先生在他的《古泉雜記》中還具體介紹張叔馴的珍藏說：「向謂新莽六泉十布極難得，近則南林張君叔馴已得全數，且有複品。」「今張叔馴又得天德重寶錢，形制略小，背上有殷字，洵皆稀世之珍。」「南林（南潯的古稱）張君叔馴，攜示古泉一囊，以分量言之，即與黃金等貴，亦不過千餘金而已，乃張君以二萬餘金得之！噫！非有大力，何能購此？」「張叔馴，家學淵源，精於鑒別，大力收古泉，所藏富甲全國，古泉家咸尊之曰古泉大王云。」

「古泉大王」的頭銜是以絕對實力來說話的。張叔馴手裏那一批令人豔羨的、世上獨一無二的孤品珍錢，就是他的「品牌」，人們只要一提起這些古錢，就知道是他張叔馴的藏品。如南唐早期鑄造的「大齊通寶」、後梁劉守光所鑄的「應天元寶背萬」、「乾聖元寶背百」、「應聖元寶背拾」、五代十國時期的「當錢壹伯」、王莽時期的「國寶金匱直萬」、元代篆楷「中統元寶」、欽察汗國的「竂國通寶」等等，都是赫赫有名的大珍品。世上罕見的戰國齊六字刀幣，他竟然收藏了16枚之多。註4

張叔馴對古錢的癡迷，遠非今日人所能想像。有一段時間他極嗜明洪武年間的錢幣，遇有洪武大中背「京」、「濟」、「鄂」的版式，動輒掏金子買下。有時為了一枚錢幣，他志在必得，就不惜花雙倍甚至更高的價錢購下。他那傳世真品「國寶金匱直萬」，就是花

2000元從余艇生舊藏中「挖」來的。還從蔣伯塤先生處「挖」來了「應運元寶」折二弘光背鳳；從周仲芬處「挖」來了「子僑」貨泉；從高煥文處「挖」得順治通寶背龍紋大錢；從海寧張渭漁處得行書小平大觀通寶鐵母錢；從他的好朋友戴葆庭處得到的就更多了，如著名的「四眼大齊」……註5

那時的張叔馴，已經結交了全國各地最有名的錢幣收藏家，又有一幫要好的古董商的朋友，他們中有的是學富五車的大學問家，如方若、寶熙、羅振玉、周仲芬、董康、袁寒雲、李國松、劉體智、龔心釗、鄧秋枚、王蔭嘉、張絧伯、鄭家相、張丹斧等等，都是名重一時的錢幣學家和收藏家，有的還是他父親一輩的朋友。大家常在一起切磋學問，交流心得，交換古錢，還借助張丹斧主持《晶報》的機會，發表文章，各抒己見，相互辯駁，一時非常熱鬧。

他們這一幫人相互之間整天不是你來我家看藏品，就是我到你家看藏品，誰一旦收集到了什麼稀罕的珍品，那就更忙碌了，必須大加研討，有時即便是在南京、天津或是在北京，他們也不肯放過，非得趕去一睹為快。他們幾乎沒有一天不在為錢幣而奔忙，那時知識份子中的嗜古風氣，就是如此地入筋入骨。

張叔馴最要好的好朋友之一王蔭嘉先生，在他的錢幣拓本的空檔裏，記下了他們那段忙碌而精彩的生活。王蔭嘉先生住在蘇州，常常要到上海錢幣朋友的家裏看藏品，買錢幣，張叔馴家是必到之處。有一則他記道：「元貞至泰定，馴之複品。楊廷康（張叔馴的錢幣拓工）來訪，攜以借摹。言擬寄往日本。二十九日晨，予到滬訪馴未遇，晤廷康，贈我結聖聖宋，旋遺失。十月初三，與馴在程雲碤寓中長談，

夜飯於一枝香，遂同到馴家觀其藏品，至二句鐘（深夜兩點），倦極，思歸。以素泰同三試范小平錢，易此鐃兼新坑，黑色古腐處紅綠，惜鍵字不清。近日予價約百二十元。」又有一則記道：「保大以叔馴所得為最早亦最精，此乃第二品。象几、西羅、伯昭又得其第三品。足齋（戴葆庭）寶愛甚切，二千金尚不甘讓云。」註6……可知他們常常是一錢如命，一定要仔細審定，斤斤計較的。

著名錢幣收藏家陳仁濤先生在1936年的一篇文章中，對南張北方也推崇備至，作出了很高的評價。他說：「吾國藏泉最富者，首推天津方藥雨、上海張叔馴。方張兩氏，俱竭畢生精力，為之耗費巨萬，宜乎名聞中外。」

著名泉學家張絧伯先生在文章中敘述得更具體了，他說：「自光緒中葉至近今約四五十年，為古泉集大成時期，當以方藥雨、張叔馴為中心人物。方氏好泉之始，在戊戌庚子之交，時老輩凋謝，鮑李云亡，乘泉界中衰之餘，居北方衝要之地，嗜好既篤，經濟又裕，大力搜求，嘉道以來數十錢幣精英，萃於一篋，益以出土之品，洋洋大觀，蔚成當代巨室，著有古化集詠、言錢別錄、言錢補錄諸書，古化全稿猶未殺青。差足與之匹敵者，張叔馴耳，時有北方南張之稱。張氏年最幼，好泉最晚，然嗜深力強，近自江浙，遠及蠻荒，東南舊藏，西北新出，匪不羅而致之。若百川匯海，萬流朝宗，不及二十年，竟與方氏分庭抗禮，同輩斂手嘆服。二氏所藏奇珍異品，繁複夥頤，不勝枚舉，向使鮑李諸公見之，將舌矯不下，謂為空前可，謂為絕後亦無不可。淘集古化之大成矣。晚近古物外流，每深慨歎，獨古泉猶克保存，斯則方張二氏中流砥柱之功，不可沒也。斯項泉幣，

稀世之珍，可不視同國寶乎哉！張氏年富力強，異日成就，未可限量。」又云：「民國以來，錢家輩出，錢學風行。言乎收藏，首推方張。南北對峙，互爭雄長，百十年來各家菁英，儘量搜括，益以出土之品，往往朝發墟壟，夕登几案，空前絕後，集其大成。」[註7]事實證明，這些都是公允的評斷。

馬定祥先生在1946年於天平路40號（現為文藝醫院），曾經參觀過張叔馴的全部藏品。據馬定祥說，總數大約有三萬枚，內中孤品、珍稀之品枚不勝舉。關於「鐵母」錢，一般藏家能拿出幾枚就算了不起了，而張叔馴隨手就可拿出好幾串給你看，令人驚訝不已。

馬定祥在80年代發表的一篇文章中，對張叔馴收藏靖康錢的情況作了一些描繪：「余見齊齋（張叔馴）藏靖康錢獨富，舉凡靖康之小平、折二、折三、元寶、通寶，篆、隸、楷（真）書，銅、錢鐵，以及鐵母，幾乎賅備。」泉界極稀罕這種北宋最後一年鑄的靖康錢。因這種錢僅鑄造一年，數量極少而版式卻又非常繁雜，有元寶與通寶兩種，而元寶又以篆、隸二書為錢文；通寶以篆、真二書為錢文，其中通寶小平又有真、隸二書合書於一錢者。除了銅、鐵鼓鑄外，還有銀質通寶錢；形制有小平、折二、折三等式，很能反映北宋末年「亂世年年改號，窮士日日更名」的窘況。而張叔馴正是這種珍貴古錢的收藏大家，是民國間集藏靖康錢的冠軍。

難怪著名錢幣收藏家、40年代的錢幣學會的發起人羅伯昭先生曾感慨地說：「民國十七年及二十五年，吾先後訪之於上海，觀其（張叔馴）珍藏，孤品異品，層見疊出，令人望洋興嘆，宜其有大王之稱也！」[註8]

神秘的「大齊通寶」

張叔馴有幾個重要的錢幣商朋友，如紹興的戴葆庭、戴葆湘昆仲、寧波的董弢莽、杭州的朱寶慶、朱寶定昆仲等等，他們都是張叔馴的主要古錢供應商，其中戴葆庭對他貢獻最大。那枚舉世聞名的「大齊通寶」就是戴葆庭為之提供的。

孤品大齊通寶

戴葆庭年輕時非常刻苦勤奮，打著旗號周遊列國，在江南各個大小城市和村鎮收集古錢。有一天他走到江西鄱陽鄉下，看到幾個小姑娘在踢毽子，他知道農村小孩子踢的毽子的底座都是用銅錢做的。那天他正在看著，突然一隻毽子飛到了他的身邊。他撿起毽子，不經意地瞧了一眼，竟讓他嚇了一跳，原來那毽子的底座竟釘著一枚「大齊通寶」！把他高興得跳了起來，最後花了不多的錢就弄到手了。這就是後來被泉幣界稱之為「四眼大齊」的稀世珍寶。戴葆庭回滬後以500大洋之價賣給了張叔馴。500大洋，在那年頭是一個小康

之家一年多的生活開支，張叔馴一揮手就出去了。那「大齊通寶」因曾被拿去訂鍵子，四周被鑽了四個小洞，因而有「四眼」之稱。張叔馴得之視為銘心之品，因而取齋名曰「齊齋」。[註9]

關於「大齊通寶」錢幣，原先大家都認為是唐朝末年黃巢所鑄，因為黃巢建立的農民政權號為大齊。30年代有人提出過懷疑，但是直到二十世紀80年代，經著名錢幣學家馬定祥先生考證後，才以有力的證據和嚴密的邏輯推翻前說，證明「大齊通寶」的確是南唐前期的鑄錢。

「大齊通寶」歷史上有記載的只有兩枚。道光年間戴醇士所藏的那枚因殘缺左角，故世稱「缺角大齊」，那是他家中的祖傳之物。但是後來就失蹤了，據說在太平軍攻破杭州城的時候，戴氏懷揣這枚寶貝古錢舉身跳錢塘江而死，從此世間再也不見「缺角大齊」蹤影。

時至70多年後1925年，卻被戴葆庭偶然從江西鄉下逮著一枚。由於「缺角大齊」不復存在，「四眼大齊」就成了世間孤品，頓時身價百倍。張叔馴得之後長期密不示人。他為防別人根據拓片翻制，就連拓片也控制很嚴。甚至在他創辦的《古泉雜誌》上也沒有透出消息。古錢的魅力，真能「橫掃」一代人。

但是世間沒有不透風的牆，時間久了，親朋至好總想一睹該錢的風采。張叔馴想了一個辦法，請翻鑄高手仿製了一枚，以代真品，偶爾示人，只有極少數人知道這個秘密。這就是張叔馴後來帶到美國去的珍錢中，為什麼會有兩枚「大齊通寶」的真相。這個謎底直到二十世紀80年代，才被馬定祥先生在一篇文章中揭開。[註11]

朗悟和尚的錢袋

張叔馴善交朋友，名士賢達，販夫走卒，無所不交。

他的朋友中有一個佛界朋友，名朗悟和尚，原先主持湖州城裏的棲賢寺，後來又到杭州靈隱寺，在湖州地區很有名望。張叔馴的祖母桂太夫人信佛，與宗教界人士歷有交往，朗悟和尚也是常來走動的人之一，久之與張叔馴也成了好朋友。

之所以能與張叔馴成好朋友，關鍵還是因為古錢。原來這位朗悟和尚也喜歡玩古錢，在雲遊四方時很注意收集，並且有了心得。當地的善男信女們知道朗悟和尚喜歡形制特別的古錢，也都想方設法為之收羅。

有一年，一個杭州工匠從鄉下得了一枚五代時的鎏金質背龍鳳紋的「天策府寶」錢，大喜過望，將之呈送給朗悟和尚，朗悟將這枚前所未見的孤品推薦給張叔馴，張叔馴竟以300兩銀子購下[注12]。久之人多力量大，很多珍稀古錢都到了朗悟和尚的手上，轉而又成了張叔馴的收藏。所以每年過年朗悟來張家賀歲時，張叔馴總是吩咐帳房取出大捧的銀元施捨。據張家後人說，抗戰之前，張叔馴的確是常去杭州靈隱寺的。他本人並不信佛，去幹什麼呢？想必總是與朗悟和尚口袋裏的古錢有關。

現在人們從張叔馴創辦的第一份《古泉雜誌》的評議員名單中，的確看到了朗悟和尚的名字，證明他們之間的友誼不是傳說，而是真實的事情。

張叔馴在他的《齊齋雜錄》（手稿本）中還記載了這樣一個故事：「二十五年十一月三日，得共屯赤金圜鈘。據河南錢商馬德方

謂，泉出河南洛陽新安鄉咒山附近，購時為土匪追逐竟中槍傷。咒山在今新安鄉西四十里，新安又西洛陽七十里，錢出土處離咒山又十五裏。時鄉人鋤田得古泉一段，長約寸餘，互相連接，共十二錢。既分啟，有共屯赤金一，餘皆垣字圜釰。今仍能依土鏽連接處，疊疊成原狀。馬於得此錢時，遇匪中槍，幸傷輕得免。」說明河南的錢幣商中也有他的朋友。

張叔馴有一個幫手，名楊廷康（步雲），原是蘇州護隆街古玩店的夥計，人很聰明，由王蔭嘉介紹來張家幫助整理古錢和拓制錢幣拓片。

張叔馴的錢幣拓片積至厚厚十幾大本，原先一直保存在楊廷康手裏，張叔馴囑其不得外傳。但是等到張叔馴1948年在美國去世以後，楊廷康就賣了出來，因為他抽大煙，錢總是不夠花，賣給了當時祥和錢幣社的老闆馬定祥。這些拓本在馬定祥手裏收藏了半個多世紀後，臨終時捐獻給了浙江省博物館，其中不少拓片上還有張叔馴的收藏章，如「叔馴藏泉」、「張驤所藏」、等。可惜這些拓片並不是全部，否則從中就可看清張叔馴錢幣收藏的全貌了。

第一個古泉學社的創辦人

1926年9月，張叔馴邀請泉幣收藏者程文龍等人，創辦了一個古泉學社，這是中國第一個錢幣學研究團體，同時還創辦了《古泉雜誌》（1927年），是我國最早正式出版的錢幣專業雜誌。這個古泉學社以闡明古泉學識，訂正舊說，鑒定真贗，辨別時代，參考製作，啟

人好尚之心為宗旨，凡有志古泉學者，不分國界，經社員二人以上介紹均可入會。

這個學社囊括了當時中國泉學研究的所有權威人士，其中有不少都是名重一時的大收藏家和大學問家，他們是：龔心釗、張乃驥、鄧秋枚、張絅伯、程文龍、鄭家相（以上是鑒定員）；方若、周仲芬、寶熙、陶心如、羅振玉、楊肅谷、陳叔通、張丹斧、朱峻夫、王樸全、宣愚公、蔣堅志、李國松、范兆經、范兆昌、方地山、余艇生、翁友三、鄭希亮、周書、劉晦之、蔣伯塤、顧震福、朗悟、袁克文（以上是評議員）；董康、王蔭嘉、鄧秋枚、張翼成、程文龍（以上是編輯員）。學社的理事是張叔馴和程文龍。這個名單並不是張叔馴邀請和指定的，而是學社的社員選舉出來的，可知學社社員的範圍還遠不止這些。

他們這個團體中，博學鴻儒大有人在。寶熙是滿清皇族之後，在晚清朝廷當過官，素以收藏古物出名，還是上

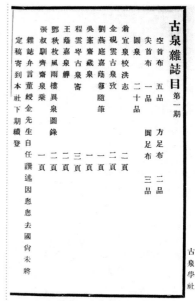

張叔馴創辦的中國第一份錢幣雜誌
《古泉雜誌》

張叔馴的墨蹟

張叔馴《齊齋雜錄》封面

海博物館老館長徐森玉先生的老師；袁克文是袁世凱的二兒子，世稱「皇二子」，清末四大公子之一，其收藏古錢、古書和郵票素有名望；龔心釗、劉晦之、李國松都是安徽籍的銀行家兼大收藏家，李國松是李鴻章的侄孫（李鶴章的孫子），劉晦之是四川總督劉秉璋的兒子，龔心釗是合肥望族之後，他們的收藏在民國收藏史上歷有名望，也都出版過各種收藏目錄；方地山、羅振玉、董康、鄧秋枚、陳叔通等人不僅收藏古錢，還是著名的藏書家；張絅伯、鄭家相、王蔭嘉、張翼成、張丹斧、程文龍都是泉界著名人士……這樣一個陣容，無疑是中國最高層次的泉學學術團體，代表了當時泉學研究的最高水準。

社址在上海貝勒路蒲柏路的鴻儀里2號（現在舊房已拆，變成新天地的一部分了）。他們於每個月的第一週和第三週的周日下午來此聚會，共同欣賞和研究各自新的藏品，切磋學問，考證真偽。該社在每月的第一週週日還召開展覽會，將各家提供的藏品分賣品和非賣品

兩類陳列，為大家相互間的交換提供方便。

該社出版的《古泉雜誌》於1927年5月刊行，分為兩種印刷版本，一種是宣紙印製的線裝本，一種是普通的平裝本。第一期上除了刊載了一些「空手布」、「尖首布」、「方足布」、「圓足布」和圓錢的珍品拓片，還刊載了翁宜泉《校洪志》、金硯雲的《古泉考》、劉燕庭的《嘉蔭樑隨筆》、程吳泉的《古泉審》、王蔭嘉的《泉觶》、鄧秋枚的《風雨樓異泉圖錄》，還有張叔馴的《齊齋泉乘》（二則）。

但是不曉得怎麼回事，這份印製考究、內容紮實、在國內屬於填補空白的泉學雜誌，僅出版了一期就沒有聲息了。10年後，到了1936年，隨著中國泉學熱潮的逐漸高漲，張叔馴、丁福保、葉恭綽等人又蠢蠢欲動了，於是再重起爐灶，發起成立了中國古泉學會，張叔馴任副會長，第二年改選為會長，並創刊《古泉學》季刊。可惜這次壽命又不長，雜誌只出版了五期又沒有聲息了。

1937年春天，張叔馴、陳仁濤、王蔭嘉等人心猶不死，又要成立泉幣學會了。為此張叔馴曾親到蘇州王蔭嘉先生家裏訪談，請其出山，常駐上海，由其專管泉幣學社和刊物的出版之事，所有費用，由張叔馴和陳仁濤二人包攬。他們兩人計畫各出一萬大洋，重新開張，而且，連學社的房子也準備好了，就在張叔馴淮海中路1726號的花園裏，是他家主樓旁邊的一個小樓。

這個新的泉學組織的主要發起人會議已經開過了，有丁福保、葉恭綽、王蔭嘉等人。不料正在他積極為這個第三個泉幣學社的誕生積極奔走時，抗戰爆發了。「八一三」戰火沖天而起，打破了收藏家們

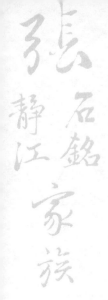

的尚古美夢。很快，張叔馴一家與他的堂叔張靜江一家，都到香港去了，後來又去了瑞士和美國，這個還沒來得及正式誕生的新的泉幣學會，只能半途夭折了。1940年，中國第三個泉幣學組織「中國泉幣學社」在上海成立時，儘管他人在美國，還是作為贊助會員，為學會出了力。

張叔馴的視野是廣闊的，1935－1936年間，他還加入了英國皇家藝術學會，並擔任了組織委員，同時還是美國錢幣學會的會員、日本東洋貨幣協會特別贊助會員。30年中期，日本著名錢幣收藏家平尾聚泉、三香上哉來滬訪問時，都與張叔馴作了愉快的交流。

一塊古玉換了一輛凱蒂拉克

跟他的父親一樣，張叔馴的收藏也是多方面的，除了古錢以外，古玉、銅鏡、古籍、古畫也都是他的收藏門類，尤其是他的古玉收藏，在海外有很大知名度。

張叔馴用一塊古玉換來的凱迪拉克

　　1935年，英國政府和中國政府在倫敦皇家學院，聯合舉辦了一次綜合性的中國古代藝術品展覽，展品有青銅器、瓷器、玉器、字畫、傢俱等文物，參辦的單位包括國內故宮博物院和南京古物陳列所、歷史研究所等單位。可是這些單位的古玉收藏都不能跟張叔馴相比，在這個時候，展覽籌備委員會就向張叔馴個人商借了65件古玉藏品，還有兩件琥珀藏品。他是當時唯一一位被故宮博物院借用藏品的個人。

　　據商務印書館印行的、倫敦中國藝術國際展覽籌備委員會編輯的《參加倫敦中國藝術國際展覽會出品圖說》一書介紹，展覽會借用張叔馴的藏品中有：河南彰德府安陽出土的玉箭頭、玉刀頭、玉象頭、帶面具玉人、玉螳螂、玉盤獸、圓身玉虎、圓身玉獸頭等；河南洛陽出土的玉龜、玉雁、玉鳥、玉龍璜、玉人頭、玉鏡等；洛陽金村出土的鏤空花龍頭玉帶鉤、滿花玉劍把、玉盤龍佩、陰文花玉蟬等；以及安徽壽州和老虎山出土的八字玉璜、細花玉

張叔馴手書《張氏玉譜》

蟬、玉全形立人、玉絞絲雙龍頭、鏤空細花葉形玉刀柄鏤空龍紋花圓片玉等等。

這當然只是他的古玉收藏的一部分，有掛件，有擺設，有的可能還有實用功能。外觀多為生動的動物造型，有張牙舞爪的龍，有鼻勾變形的老鷹，有羽翼豐滿、長尾如雲的鳳凰，從中可以窺見古代貴族高雅的審美意趣，和刻工高超的雕刻技藝，不僅是古董，還是一組不可多得的藝術珍寶，就是拿到現在來看，其造型的創意也不比那些獲獎作品差。

張叔馴收藏的古玉之一

後來這批古玉被歐美幾個著名的博物館收藏，其中有芝加哥藝術博物館、華盛頓特區博物館、波士頓博物館、堪薩斯州博物館、克里夫蘭州博物館和三藩市亞洲藝術博物館。

張叔馴收藏的古玉之二

當時這些古玉的價格自然是不菲的。抗戰中，當他們一家僑居美國的時候，張叔馴曾用一塊古玉換了一輛凱蒂拉克轎車，這在當時也是很了不起的一件事。或許是抗戰八年的緣故，身在異

張叔馴收藏的古玉之三

域的張叔馴失去了國內產業的經濟支持，在經濟困難的時候，只得出賣他的部分收藏了。

　　他對中國古玉作過系統的研究，寫過心得，原先計畫寫一部《張氏玉譜》，已經寫好了自序，可惜我們目前只能看到這篇自序，而沒能看到全稿。全稿或許在美國哪個收藏了他的古玉的博物館裏，或許由於戰爭的原因，他根本沒有寫完。那篇序言他寫得很用心，記敘了玉石在古代從實用品到藝術品的沿革過程，文筆優雅酣暢，不妨收錄如下：

　　　　玉於人類，上承石器，下啟金屬。其產處本少，沿用者遂寡。世界各國，僅我國用此最廣且久，故治玉說，必自我國始。「因史籍推究沿革，憑製作確定年代，據實物引為繩墨，庶免多相之譏。」當部落疆域未分之際，戰爭方盛，各以武力相尚，利玉堅固，可造兵器，而珍貴難得，惟矢簇斧鉞之屬，間有引用。此其類一，迨人類演進，金屬發明，玉石不足與比利，軍旅武器，金質是替。時承久戰之後，人心厭亂已極，據一地、王一國者，倡偃武修文，以迎合當時社會人民心理，所趨為建樹社稷基礎。禮天瑞人之器，紀勝表功之物，黃琮蒼璧、青圭赤璋，皆時所珍貴，咸琢自寶玉。此其類二。及文化漸趨昌盛，社會漸趨繁複，人日就奢華，凡所以美觀瞻充裝飾者，惟玉是用。窮工巧琢，精益求精，自君王貴族，逮婦孺庶人，相以懷玉為寶，多佩為榮。……此其類三。古代人死時，俗以物以殉，就死者生時日用所

喜，百物俱舉，甚之則特選專器，若塗車芻靈之彩，凡此各器，名曰明器，玉與非玉摻雜互用。此其類四。綜茲四類，獨分三期，兵器最古，屬第一期。禮器次之，屬第二期。配飾又次之，屬第三期。明器為古今俱有，三期兼備。考我國行用玉器，期間自三代迄漢初，以戰國而最盛行，何故焉？此漢後而漸廢損，其厥實以漢前交通未便，玉　求原不易，精工多而美玉少，故成器必精。……美者，工尤佞屁，尤為時所重。待傳之今日者，得母不為今所更重！及秦大火焚書，古技書，數千年藝術精華殆。漢初流傳上落辰星，墜鳳軔璋，何不嘗什一。而時又交通漸開，玉之原料開發日多，但已乏巧工，遂失精雕。玉而弗琢，誠何異南山之圓石？以工拙見棄人用，理所當然。是為我國用玉沿革之事，實歷史治玉說者，若再孤藉史籍摻定名稱……確定時代，據實物引為繩墨，依出處斷定產原，庶幾優劣斯分，用度可範，而定名立說，不致有皮相之譏乎！

從中可知他對古玉的研究是很有見地的，不僅指出了古人使用玉器的起源，古玉的四大門類，還分析了漢代以後古玉精品漸少的原因，結論是很有見地的。可知他每收藏一類藏品，都是很用心研究的，並不是隨便玩玩而已。

抗戰中他到美國後，參加了美國錢幣學會，並積極參加對中國珍錢的考證。1944年，該會還給他印了一本小冊子，書名是《AN INSCRIBED CHINESE INGOT OF THE XII CENTURY A.D.》，是對

一枚北宋年間的銀鋌的考證，那銀鋌上有字兩行：「懷安軍金堂縣免
夫錢　折納銀每鋌重五十兩」。

　　除此之外，他還有不少古代字畫收藏，僅在他的侄子張蔥玉的
日記中提到的就有：宋人睢陽五老圖題跋冊、梵隆白描羅漢卷、唐人
草書寫經卷、文正明寒林鍾馗軸、文嘉山水軸、文伯仁雲山待隱軸、
陳沂山水軸、石溪山水軸、羅兩峰佛像軸、卞文瑜山水軸和湯雨生、
瞿木夫合作竹石軸，很能說明他的字畫收藏的質量和品味，唐宋元明
清，無所不收，題材上似是以山水和佛教題材為主的。_{註13}

4　AN INSCRIBED CHINESE INGOT

STRUCK MONETARY SYSTEM BEGAN IN THE
EIGHTEENTH CENTURY

China entered upon a new phase of her coinage
after Tibet first adopted struck coins in the eigh-
teenth century. It was not until the nineteenth cen-
tury that the conventional hole on Chinese coins
began to disappear, the perforated coins having
been replaced by struck money which was minted in
several provinces. But this did not interfere at all
with her basic currency, the silver ingot.

The derivation of the English word Sycee for
silver ingot has, of course, various explanations. The
proper Chinese term is *Yuan Pao* (premier treasure).
It originated with the wording on the coin and then
was applied to the silver ingot as a special name at
the beginning of the Yuan dynasty (1277 to 1367
A.D.). Another literal term for silver ingot is *Ting*,
which appears very often on the silver ingot itself,
either stamped or incised.

The piece we have under present consideration
bears the designation "Ting." A closely similar
piece (see Plate) weighing 64½ oz. troy does not
bear an inscription. The other fifty-tael pieces
listed in monograph No. 99 have inscriptions im-
pressed or stamped upon them. This piece is un-
usual in that the inscription is incised. The eighteen
characters in two columns are cut as though with a
chisel. The translation of the characters beginning
at the upper right is as follows:

AN INSCRIBED CHINESE INGOT　5

(1) Huai		The combination of characters 1 and 2 is the proper name designating the Chun (see character 3) or district.
(2) An		
(3) Chün		The political division or district.
(4) Chin		The combination of characters 4 and 5 is the second proper name designating a specific Hsien (see character 6).
(5) T'ang		
(6) Hsien		Subdivision or "district," a term still used in China.
(7) Mien		Exempt.
(8) Fu		Labor (corvee).
(9) Ch'ien		Money.

Beginning at the upper left, the characters are:

(10) Che	For calculating
(11) Na	Payments
(12) Yin	Silver
(13) Mei	Each
(14) Ting	Ingot
(15) Chung	Weighs
(16) Wu	Five
(17) Shih	Ten. Combination of five and ten is fifty.
(18) Liang	Ounces or units of weight.

張叔馴在美國寫的考證文章

23

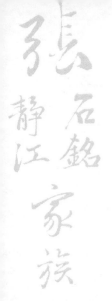

【註釋】

註1：陳閣老，相傳是乾隆皇帝的生父，他生下來不久被弄到皇宮裏調了包。
民間還據此推測，乾隆皇帝就是因為要尋找他的生父，才幾次三番地下
江南「巡視」。

註2：《古泉雜誌》由張叔馴創辦的古泉學社1927年5月出版發行，宣紙線裝
本。

註3：丁福保《古錢大辭典拾遺‧總論》：「張乃驥字叔馴⋯⋯時人號曰北方
南張。」

註4：《齊齋錢幣搨本》（原拓本）藏浙江省博物館「馬定祥中國錢幣研究中
心」

註5：《張叔馴的集錢生平》（手稿本），湖州市錢幣收藏家陳達農

註6：王蔭嘉的錢幣拓本藏浙江省博物館「馬定祥中國錢幣研究中心」

註7：〈百四十年來泉家述略〉載《新光郵票錢幣雜誌》第五卷第三期

註8：《張叔馴的集錢生平》（手稿本），湖州市錢幣收藏家陳達農

註9：〈大齊通寶辨〉，馬定祥

註10：同上

註11：同上

註12：《張叔馴的集錢生平》（手稿本），湖州市錢幣收藏家陳達農

註13：《張蔥玉日記‧1938年》（手稿本）

霞飛路上一座占地27畝的大花園

1932年上半年，霞飛路（淮海中路）福開森路（武康路）一帶原本外國人聚集的「部落」裏，出現了一處屬於中國人的大花園。

這個花園絕大部分的面積是草地、樹林和菜園，綠地中心，安臥著兩棟通體灰白、線條潔淨的小樓。小樓一東一西，並列在同一橫線上。樓高3層，樣式新穎，兩樓之間的前方有個漂亮的荷花池。樓前的草坪是從義大利進口的牛毛細草，又細又軟，翠綠可親，從東到西，可以安排下4個網球場。那草地綠茸茸地一直鋪到房子的牆根，然後繞過小樓伸向園子北部的一條小河⋯⋯

這是古錢大王張叔馴的傑作，是他搬出石路大宅門後的第一道大手筆。東邊的一棟住著他的一家，西邊的一棟歸他的侄子張蔥玉。

這個總面積達4、5英畝（即27、315市畝＝17838平方米）的花園，在他家搬來之前，原先

張叔馴在新落成的霞飛路新居

張南琛繪就的霞飛路住宅南立面圖

住著一個英國人，大概是個房地產商，在上海西區擁有大量地皮，後來不知為什麼，逐步一塊一塊地賣掉了。張叔馴買下的這塊地皮，旁邊有這個英國人的住宅，是一棟老式洋房，靠近福開森路一側。但是張叔馴只看中了他的花園，而看不中他那老洋樓，就在買地時，把小樓從版圖中「切」出去了。後來那棟小洋樓被張叔馴的同父異母弟弟張景裴買去。

　　這處豪宅的出現，很能說明張叔馴性格中的另一面，即海派的一面。他花了差不多兩年的時間，到處看房子看地，最後才找到了這片符合他的審美意趣的綠色王國。

　　這個花園之所以如此大，原來是那位英國佬的一個模型收藏園地，是個小火車的遊弋世界！他鋪設的小鐵路僅有3、4英吋寬，但是能沿這個大花園的邊緣走一圈。那個仿真、可愛的小火車頭有兩英尺長，能像真的火車那樣隆隆行駛，每段鐵軌大約也有2、3英呎長，形制跟真的火車鐵軌一摸一樣，拼

接起來就是一條長長的鐵路。

　　剛搬進來的時候，張叔馴全家大小都看到了那堆模型，引起了極大興趣。張叔馴的兒子張南琛和張澤璉清楚地記得，拆下來的鐵軌堆滿了整整一間房間，從地板一直堆到天花板。他們曾經力爭把這套巨大的玩具連同花園一起買下來，顯然那英國人不捨得，他最終還是賣了花園而沒賣火車。

　　有趣的是，花園的新主人也不乏模型細胞，而且是兩代人一脈相承地熱衷模型！但是他們熱衷是船模。張叔馴的好朋友摩根（Morgan江南製造局的總工程師），很理解張家人對船模的熱愛，曾製作了一隻帆船模型送給張叔馴的兒子。兩個兒子如獲至寶，常在課餘時間把船模拿到荷花池裏放行，還在周日捧著它到兆豐公園（現中山公園）的湖泊裏放行。那船設計得很精巧，桅杆很活絡，只要有風就可以開得很快。

　　這個船模被張靜江的兒子張乃昌看見了，把他的胃口也大大調動起來了，因為他也是個船模迷，從小就喜歡動手

張叔馴終生愛好運動

張叔馴在上海的霞飛路舊居現為上海交響樂團（屋頂改成了尖頂）。

張石銘
靜江家族

製作一些小玩意兒。他家在杭州葛嶺5
號的房子落成以後，他父親專門給他佈
置了一個「車間」，裏面小型的車床、
刨床都有，培養了他對機械製作的終生
愛好。張叔馴見張乃昌對船模如此著
迷，就請摩根先生也為他定製一艘，於
是，摩根先生很地道地又送來了一艘帆
船船模（有一米半高），成了張乃昌的
上好玩伴。

張叔馴沒有長久地停留在船模的
「玩具階段」，而是最終買來了一艘真
正的船——一艘80英呎長的進口高級
遊艇！那是張家孩子們的驕傲，每逢張
叔馴有空的假日，他就會就高高興興地
帶領全家乘上去，從黃浦江一直開到太
湖！

30年代，在蘇州河裏充斥著運貨
帆船的年代，即便是租界裏的高等華
人，也是很少有人玩得起進口遊艇的。
更有甚之，張叔馴對他的高級遊艇並不
完全滿意，嫌速度太慢，過了幾年，就
通過摩根先生，在江南製造局定做了一
艘更先進的遊艇。儘管這艘遊艇不知

70多年前，摩根先生為張家做的船模，
如今由張南琛先生收藏。

何故最終沒有造出來，但艇上最主要的部件、有著12個汽缸的引擎已經交付了，放在一隻巨大的木箱裏等待安裝，這是張家孩子們都看到的。或許因為後來抗戰爆發，他們一家遠走他鄉，那只等待安裝的新遊艇，就只能永遠是個夢了。

至於船模，1937年「八一三」以後，張家人避難香港時，張乃昌還不忘帶上他心愛的船模。一年後他們一行到了日內瓦，過了些日子又轉到美國，他都沒忘記帶上船模同行。直到二十世紀70年代，在美國的張乃昌要搬到另一個城市居住了，行李太多，只好把這個跟隨了他40多年的寶貝，交給張南琛，請他繼續保存下去。而這時，他們都是50多歲的人了。船模之情，仍未稍減。這個船模到了張南琛家裏，一晃又是30多年過去了，他已經是兩鬢飄白的八十老者了，仍舊對這個船模寶愛有加！

現在，張南琛一提起這個船模就在琢磨，這是一件很有意義的船模，記載了中美兩代人的友誼，也反映了30年代上海租界生活的某些特性，是不是應當送它到江南造船廠的廠史陳列室裏去呢？

充滿異國情趣的上流生活

◎ 往事仍在眼前 ◎

張南琛（張石銘之孫、張叔馴之子）：

我們的小樓在花園裏並排而臥，間隔大約15米，坐北朝南，前面都有很大的草坪。草坪很寬敞，每一片都足以安排下兩個網球場，只

要拉起球網，就成了天然的網球場。我們很愛護草地，每週都會有六個工人前來拔草、修整草坪。

父親早就對網球感興趣，苦於無法施展，直到我們有了自己的網球場，他的網球熱情才得以噴發。母親也喜歡打網球，堅持了很多年。每到夏日的午後，她常常第一個到院子裏和我們的教練（專門在夏季來我家對大家進行球技培訓）一起練球，有時在三缺一的雙打比賽中，教練也是個替補。

當球場有空的時候，我和弟弟澤璉也會在家教（我和弟弟雖然沒有象父親那樣，被關在石路的大宅院裏讀書，卻被關在霞飛路這樣一個美麗的大花園中讀書，在上海時同樣沒進過學校大門）之後，立刻跑到球場上加入訓練。我對這項活動不是太感興趣，但是我和弟弟很樂意享受這種夏日聚會的樂趣，因為我們平時參加「集體活動」的機會太有限了。不到學校去讀書，也就不會有同學，除了親戚中的孩子，我們什麼夥伴也沒有，儘管家裏有我們喜歡的玩具和圖書，但

張南琛（右一）、張澤璉（左一）
小時候在自家花園

畢竟缺少人際交往。現在回想起來，我們兄弟倆，真是這個高雅花園裏的「可憐的小學生」。

這樣的環境使我們心境非常恬靜，起碼不去嚮往那種浮躁和野蠻的人生。我們的書房面向草坪，我清楚地記得，每當網球場遠遠傳來擊球聲時，我們就開始企盼一個充滿樂趣的午後了。這標誌著我們的課程很快就要結束，然後我們就可以加入客人們的隊伍，在客人中有可能找到我們的玩伴。

所以每年一到夏天，我們的花園就熱鬧起來了，網球成了我們一家和我堂兄張蔥玉一家生活的重要內容。張蔥玉家比我們家人少，只有他和他的母親及妹妹張微。他1938年結婚，婚後住在烏魯木齊北路69號張家的懿德公寓，而那時我們已經離開上海，避往香港了。

我家的網球場不僅供自家人打球，還向親戚朋友們開放。每週有兩到三天是網球場開放日，球技各異的親戚和朋友都成了我們的座上賓。常來打球的親戚有：張久香夫婦（六叔公和六叔婆）、他們的孩子張乃庚（George）和張乃辛（Robert）、六姑媽張智哉和表哥徐昌澤、表姐徐景淑（Jean）、張靜江的五小姐張菁英（helen）和她的好朋友李霞卿（中國第一代女飛行員，早年是電影明星）、我母親的三妹（即我的三姨媽，也是我的過房娘。三姨媽曾嫁給上海內地自來水公司老闆姚慕蓮的兒子姚新泉，夫婦一起留學美國。姚新泉在哥倫比亞大學獲得了博士學位，但因學業過重而不幸精神崩潰，因此常有暴力行為，三姨媽不得不在1931年和他離婚）和她的女兒、我母親的嫂及女兒。還有陳友仁與前妻生的孩子Percy、Mosie夫婦，永安公司郭家最小的兒子Walter和Julie Kwok夫婦，以及我最小的兩個姑媽張湘英、張淑英。兩個姑媽年紀與我們

31

相仿，是我們兄弟的玩伴。

前來打網球的朋友中，有不少是上海灘的名人，如當時全國最好的網球選手邱飛海和林葆華都來過。張蕙玉的好朋友譚敬來得很勤，他是個富有的廣東人，網球打得非常出色，常常開著那輛12缸的凱迪拉克來打球。他還帶一些朋友來，諸如他母親那邊的表親。

客人們可以在任何一個場地上打球，畢竟都是張家的朋友。因為蕙玉粗淺的球技，在長長的玫瑰架的那一端，還備有幾位網球好手。球場開放的日子，父親還安排了專人為大家揀球，每個球場要配備3名揀球員。另外還有「記分員」。「計分員」是英語中過去的一句行話，現在韋氏字典上已找不到了。這個詞的原意是指比賽當中計分的人，通常也就是打球水平較差的那個人。但是我家的「計分員」還要負責球場的維護，為草坪除草、澆水、施肥，包括清理賽場。

我父母的好客是名副其實的，不僅向朋友們提供球場，還提供冰茶、檸檬

張叔馴的夫人徐懋倩

水、西瓜，還有我們自製的奶油餅和三明治。除了來打球的朋友，還有一些常來看球、或是來玩兒的朋友，所以每到這時，院子裏總是非常熱鬧。然而這種網球開放日有時也頗令人犯難：從組織不同水平的比賽，到決定是否請某位球手留下來吃晚飯，是否應該安排某位特殊的客人到哪間屋子就餐，還有他們的孩子該怎麼安排？事到臨頭難免會有一些突發因素干擾了原先的計畫，因而帶來小小的混亂。

每年夏天的那幾個月，父母最為忙碌。當家裏沒有應酬的時候，他們就和朋友一起去逸園看跑狗，偶爾也玩玩賭狗。他們很享受娛樂的過程，不大在意賭資。當網球季節結束，下午安靜了，但晚間活動依然鬧猛，取而代之的是一些精心準備的西式宴會，我父母非常看重這種形式的朋友聚會。

那些年我父母招待的朋友真是五花八門，不僅中國人，也有外國人；不僅是錢幣收藏界和生意上的朋友，還有不少是朋友的朋友。這種宴會需要做很多準備工作，所有的僕人都要到餐廳幫忙：有的幫助大廚，有的當餐廳侍者，有的洗盤子，一個女僕變成了侍衣員，兩個最好的男僕穿上白制服，變成了餐廳侍者。這種晚宴完全是西方化的，在開始之前，媽媽還必須向他們重申各自的職責和服務技巧，避免他們忘記。爸爸對於他那美味但不奢華的西式菜單很自豪。而我們小孩子覺得，從陽臺上看樓下大廳裏整個宴會的過程，是非常有意思的，每個客人的舉止神態都有特殊的地方。

我們家不設牌局，父親只是有時去朋友家玩玩橋牌。母親有時跟少數親戚打打麻將，以作消遣。有一段時間，他們醉心於一種在中國流傳甚久的「詩迷」遊戲，通常是在晚飯之後「開戰」。這種遊戲每

次都由一個朋友志願出來做東，由他從古詩中選出四句詩，然後抄在一塊大木板上，以便讓在場的人都能看到。但是這首詩中會被挖掉一個字。那個被挖掉的字連同4個替代字一起列在黑板上。遊戲的要求是，要在這5個列出的備選答案中，找出詩中原來的那個字。如果答對了，作東的人就要付錢給那個賭對原字的人。如果把一個替代字放在原句中也很連貫，符合詩詞格律和文學技巧的話，也相當於找出了原字。最終，當大家再也找不出能難住賭者的詩歌時，遊戲也就結束了。這種「詩謎」遊戲，促使我父親經常沉湎在古典詩詞的意境中。

張家南號的孩子們在張叔馴霞飛路新居。中排右起：徐昌澤、張南琛、張淑英、張澤璉、張湘英、張齊七；後排左起：張殷六、張穎初、張微。

　　我們家一年到頭都有親戚來訪。我的六姑母、母親的三妹、四妹，她們每年都要到我們家小住兩三次（因為四妹夫婦家在嘉興）。家裏常有輕鬆愉快的家宴招待他們。每週，最多只有一兩個晚上是沒有客人的。這時候，父親總是退居老穴去搞他的錢幣研究，或擺弄他的其他收藏品。而母親則陪我們一會兒，然後去料理各類家事。這樣的夜晚是寧靜的。

　　家中常來的客人中，有一位是較為特殊的，就是蔣介石的前妻陳潔如女士，她在1934或1935年已經回到國內，與當年的結拜姐妹朱逸民仍舊是好朋友，常相往來。她們跟我母親一樣喜歡京劇。她們常常約好了琴師來到我家，在一起「孵」胡琴，吊嗓子，唱京戲。

　　至於我和弟弟澤鍵，儘管有許多美好的童年回憶，但人們很難相信，我們事實上始終被「軟禁」著。但凡出門，就得緊隨父母坐上小轎車出入，從來沒有獨自在上海的街道上閒逛過。有一年夏天，我們和幾個堂兄妹得以每週去虹橋俱樂部玩一次，還曾跟一位唐先生[註1]學游泳。除了那年夏天每週能「放風」一次，我和弟弟常年幾乎一個月才能出門一趟。在1937年「八一三」我們離開上海去香港之前，我們的玩伴只限於幾個堂表兄妹，根本沒有其他朋友。

　　父母的教育方法有獨到之處，他們並沒有給我們很多玩具，只認可並偏愛那種有創造性的玩具，像「machano」拼裝玩具、智力遊戲和謎語，還鼓勵我們去放風箏、養鳴鳥、養金魚、搞自然科學研究。但是不知何故，我們玩的時間總是比較少，每天都會很忙，漢語功課每天要學五個小時，英語和數學也要一個半小時。或許，這對我們哥兒倆的性情是個很好的磨練，因為直到現在，我們還是很喜歡幽靜的生活。

房子、車子、花圃和國旗

◎往事仍在眼前◎

張南琛（張石銘之孫、張叔馴之子）：

我們花園裏的這兩棟房子，佈局上差不多完全相同：一樓是書房、起居室、正式的餐廳兼舞廳、陽光房、廚房、女用衛生間，還有男傭的住處。二樓是主臥、家庭餐廳、三間臥室、三間浴室、女傭的住處，南部還有一個長長的陽臺。三樓只有一間套房，從套房的東門出來，是一個很大的平臺，其實就是二樓的屋頂（原先屋頂是平的，解放後被改成紅色尖頂）。

這兩幢房子每幢大約占地6600平方英尺，依當時上海富豪的標準看並不算大，然而它們出眾的設計（由一位歐洲著名建築師設計）、新潮的內部裝潢和配置，在當時備受讚譽。父親前衛的藝術品位和他對歐洲最新潮流的敏銳把握，體現在房屋的各個角落[註2]。屋子裏大多數的照明設備都是父親的原創，或是那個為父親保養進口轎車的聰明人自製的。三間車庫的上面有幾間客房，住著我們的國文老師——海寧陳閣老的後人陳老先生（原先是我父親的國文老師），幾年後，他因年邁多病在醫院中去世。

車庫中的那些轎車，是我們花園中一道非常亮麗的風景。那時上海一般有錢人家擁有的轎車都是英國車或者美國車，如別克、克萊斯勒、派克德和凱迪拉克等等。但是我父親更喜歡有特殊情調的義大利車。早在1922年，他就成了第一位駕駛藍旗亞轎車[註3]的中國人。他還有幾輛菲亞特，包括一輛紅色的雙座賽車。當時在中國沒有人真正明

白怎樣保養這些車。由於父親是一位完美主義者，他雇用了一位常駐的汽車機械師。這位中國機械師既聰明又麻利，可是他讀不懂義大利文的說明書，所以我很懷疑這些車子的養護是否真的令人滿意。

父親對新式轎車的鍾愛是常人難以想像的，我家車庫最風光的時候竟然有三輛汽車，而全家總共只有四口人，我和弟弟那時還是小學生。他最喜歡那輛義大利產的名車藍旗亞，但是令他傷心的是，正是藍旗亞在上海的辦事處，讓他嘗到了人生第一枚難咽的苦果——他曾經給藍旗亞公司上海辦事處1萬元的定金，訂購一輛新車。可是那些人侵吞了那筆錢。後來他進行了法律訴訟，但並沒能打贏官司，因為他根本就沒拿到相關的合同。他沒有想到朋友會欺騙他，沒想到經營這麼漂亮的轎車的人居然是騙子！

由於那次令他傷心的經歷，他後來放棄了藍旗亞，開始駕駛一輛小型的菲亞特作為交通工具。他對那輛菲亞特的外觀進行了多處改進，喜歡親自駕車外出，以至於出現了一種的可笑場景——他變成了司機，開著小巧的菲亞特，身邊伴著身材魁梧的保鏢，而司機反倒坐在車的後座。

關於我們的小樓，尤其引人注目的還有以下幾點：

一、樓下的大餐廳有10米長，5、5米寬，可以隨時變成舞廳。隱藏在天花板四周的，是充滿氛氣的燈管兒，可以用來烘托愉快的氣氛。那個5米長、1、2米寬的大餐桌可以供20-26位客人共進西餐，並且可以拆開來任意挪動。

二、餐廳的東頭是一個半圓形的陽光房，有寬大的落地長窗。陽光房中有一幅很大的印象派油畫，是父親託一個朋友請

當時的一位法國畫家畫的。這位畫家後來十分出名，成為20世紀法國頂級畫家之一。他可能就是馬克·夏加爾[註4]。

三、三樓，按父親最初的設想，是想作父親的無線電工作室的，後來父親在那兒進行他的錢幣學研究，把它變成了一間安逸的收藏室和研究室。屋子的兩側豎立著像櫃檯一樣高的柚木壁櫥[註5]，裏面儲藏的都是父親的寶貝錢幣。天花板中心的吊燈十分漂亮，而且獨具匠心：它是一個直徑1、1米的大玻璃圓盤，上面燭刻出一枚古錢幣的花紋。

四、樓下還有一個伸縮自如的調酒台，非常別致。我的父母，尤其是父親不熱衷飲酒，但是招待西方客人，飲酒又必不可少。我們的酒吧台一到晚宴時就拉出來了，結束之後，可把它和兩個吧凳一起，滑入旋轉樓梯下面的壁櫥裏。

我們原先有兩個廚房。西餐廚房在服務區的旁邊，中餐主廚房則在屋後車道的邊上，是一個獨立的房子。最初計畫是兩個中餐廚房一家一個，但最終發現只要一個就夠了。第二個廚房於是變成了一間遊戲室，供我們玩耍，下雨天非常受用。我們院子裏還養了六條不同品種的狗，最小的可以放在一隻手上玩。狗棚就在我們的樓後，每天有傭人餵養和訓練他們。

兩棟房子的中間本來是準備建一個游泳池的，後來考慮到對孩子們有潛在的危險，就放棄了，而建成了一個池塘，種些睡蓮，還安置了一個小瀑布。

在池塘的南面，父親還特別定製了一個24米高的旗杆。他要在那裏飄揚一面醒目的中國國旗。我們的國旗至少有8英尺長、5英尺寬，

這可能是法租界裏飄揚在私宅上空最大的一面旗幟了。父親交給我一個任務，就是在合適的時候把國旗升起來。於是我決定，在所有的星期天以及所有國定假日把旗子升到頂，在5月4日（1919年五四運動）、9月18日（1931年九一八事變）和1月28日（1932年一二八淞滬抗戰）這幾天下半旗，表示對先烈們的悼念。我甚至在6月26日（1858年簽定《天津條約》的日子）和4月17日（1895年簽定《馬關條約》的日子）也下了半旗。

我周圍大多數人都不明白其中的緣由，於是我把中國受的屈辱講解給他們聽（這是我從家中的歷史課上學到的）。後來，我把升降旗的這一套規矩教給了僕人的領班，他認真地遵從了，並學會了在不掛國旗的時候怎樣表達對它的尊敬。但是有一段時間他太忙了，由一個工匠代替了幾天，這弄得我很不開心，因為那個工匠沒有文化，那一套嚴肅的規矩把他搞糊塗了，他記不清什麼時候該升到頂，什麼時候應當降半旗。有一次他甚至把國旗掛顛倒了，好在很快被

張叔馴夫人徐懋倩與兩個孩子張南琛（中）、張澤璉（右）

我發現了，及時作了糾正。那時我只是覺得負責升降國旗這件事情很有意義，其實在不知不覺中，中國所遭受的屈辱已經深深地印刻在我的頭腦裏了，這也是我至今仍然深愛著中國的原因。

我們的花園中，房子、花壇、荷花池、網球草場和周圍的附屬建築，大概占了兩英畝半，另外還有大約一半的土地，集中在了房子後面，需要穿過一條兩岸柳蔭的小溪，那兒有兩個花房和一片菜地。許多鮮花都在那裏栽培、移植和修剪，其中一個花房是專種蘭花的。平時即使沒有客人造訪的時候，我們房間裏也總是有從花園采來的時令鮮花。最美麗的是蘭花綻放的季節，它們雅致的清香彌漫在整棟房子裏。到了秋天，從窗子裏遠遠看去，露臺上，院子裏，美麗的菊花一片粲然，被井然有序地安排在一個個竹製的花格裏，五顏六色、形態各異，每一盆總有四五十朵。我們的園丁能培育出優良品種的蔬菜和水靈仙氣的鮮花，這令我們很引為自豪。

平日裏我們吃得很一般，不過有很多自產的時令蔬菜。

我還擁有幾個金魚缸，有位園丁一直幫我照看著。

……

我們在這處大花園中總共居住了六七年，這段時間是我父母在上海的黃金時期。他們那時三十出頭，正當年，經濟情況和身體情況都處於巔峰，並且剛剛擺脫了大家族中不可避免的矛盾，這使得他們的天性得到很大發展。在這處新房子裏，我母親極大地擴展了交際圈，並且第一次投身戶外運動，逐漸成為一位氣質不凡的女主人。

在中國大陸的最後一次旅行

◎往事仍在眼前◎

張南琛（張石銘之孫、張叔馴之子）：

自然，管理這樣一個家園是很費神的。由於兩家的男主人都太沉迷於各自的興趣，所以他們求之不得將持家的責任丟給我母親。事實上，大家都默認了她的能力。我的四嬸（張蔥玉的母親邢定）天生麗質，但是管理家庭過於老套，因此由母親管理著一支不小的傭人隊伍。我家的傭人包括：一名奶媽、母親的一名侍女、打掃衛生的一名女僕、幹粗活和洗衣的一名女工、父親的第一男傭一名、第二男傭一名、家裏打雜工一名、西餐廚師一名、父親的保鏢一名、司機一名、父親的蘭花園丁一名、機械師一名。還有兩家公用的傭人：中餐廚師兩名、園丁兩名、看門人一名。

不當班的時候，父親的保鏢就會和看門人呆在一起。父親的保鏢是俄羅斯人，叫「曼伊夫」，長得人高馬大，對主人非常忠實，自從祖父遭綁票以後就一直跟著我父親，他是俄國十月革命之後，沿著西伯利亞鐵路逃到中國來的眾多白俄之一。[註6]

母親嚴格地管理著這支傭人隊伍。由於她辦事高效，所以對傭人們的期望也高。有好多傭人如果不是由於父親的干預，恐怕要被母親解雇好幾次了。父親更仁慈些，也更瞭解僕人們的處境。

那幾年中，我們家還出現過一次小小的騷動——母親丟了一枚昂貴的寶石戒指。因為她確信戒指是很小心地放在壁櫥裏的，那麼家裏一定是出了小偷了。壁櫥沒上鎖，傭人們極易接近。那麼，怎麼確定

41

是誰幹的呢？父親、母親和一些近親進行了秘密討論，排除了所有的可能性，嫌疑人只可能是傭人。母親把這樁竊案告訴了她最信任、在我家服務時間最長的一位女傭，也就是我的奶媽。

那時我家剛雇了一個年輕的女孩給清潔女傭作幫手，大家都認為這個女孩最有可能是小偷。在後來的幾天裏，我的奶媽把此事告訴了其他幾個老傭人，並想出各種各樣的辦法來試探這個女孩，她們越跟她談話就越覺得她就是小偷。但是怎樣把戒指弄回來呢？

有個女傭想出一個辦法：選一個合適的日子（拜佛的日子），讓母親放她們一天假，她帶這個女孩子到著名的靜安寺裏去。在廟裏她們燒香，進行一系列的儀式來表達對佛的尊敬。在這一過程中要對佛起誓，說他（她）行為規矩、道德清白、不犯邪惡。如果誰沒有做到，那麼他（她）的後半生就會遭殃。因為剛剛從農村出來，這個女孩還是很容易改邪歸正的。結果她們從廟裏回來的第二天，母親就在餐廳的地面上發現了她的戒指。母親沒有對這起竊案再說什麼，因而傭人們也都閉口不談。這個女孩繼續在我們家工作，再也沒有竊案了。

儘管大人們有許多各自的事務，但我們的成長始終是他們最關注的問題。幸運的是，在三四歲之後，我和弟弟都很健康。父母對我們的飲食、睡眠、清潔和習慣嚴格把關，使我們穿著得體、禮儀方面訓練有素，並且要經常匯報學習情況。父母相信上行下效，偶爾也允許我們與客人一起聚餐，並要求我們仔細觀察那些良好的舉止。

父母很喜歡郊遊，多次帶我們去杭州春遊，以及在太湖上泛舟。除此之外，還有兩次悠長的暑假，是去牯嶺（廬山）和青島。

上牯嶺那次是與蕙玉及其他親戚同行，真是令人難以忘懷。那

是1934年一段特殊日子，所有的國民黨高官都聚集在牯嶺，因為牯嶺
是國民政府推行所謂新生活運動的示範村。例如，街上的行人要靠右
行；穿著筆挺的白色制服的警察小心地維持秩序……其實這個小村莊
的美好外表是對中國實情的反諷。我們在山上的時候，蔣介石的「剿
共」運動正進行得如火如荼，他卻沒有準備與日本人的不可避免的戰
爭。我記得那天晚上，汽船沿長江而上行，行至九江附近，我們必須
關閉所有的船燈，據說是為避免共產黨遊擊隊的突襲。蔣介石對付共
產黨的一個辦法是斷絕他們的食鹽。因此，他們害怕遊擊隊來搶劫日
用品，連船燈都不敢開。

親戚們結伴游黃山。左起：張久香、董龍珠、張叔馴、徐懋倩。

停靠在太湖邊的張叔馴的遊艇

在牯嶺，我們還參與了一處歷史遺跡的修復。這處遺跡是唐朝大詩人白居易的吟詩處。著名學者李鳳高、陳三立等在原址上建了一個亭子，取名「景白亭」，還特邀一些人到這裏來題詩著文，以茲紀念，這些詩文將被鐫刻在新亭子的牆上。一位跟父親和蕙玉很熟的朋友認為我也能夠寫一首詩，建議我試試。我很樂意地接受了邀請，因為寫詩早已經成了我的日常功課，於是順手寫下了我在離開大陸之前最後的詩作[註7]。當我們在夏末離開這個旅遊勝地時，我的詩作已經被刻在景白亭上了。如今這麼多年過去了，經歷了戰爭和「文革」浩劫，據說這個亭子還在，但不知那些詩文還在否？

1936年夏天的青島之行給了我們更多的樂趣，因為那裏有美麗的海灘。從我們租賃的濱海小屋裏，可以望到整個海灘的風景。那一帶的建築有著濃郁的德國風情。多年來，它們一直影響著整個青島風景區的氛圍。在那片最著名的海灘上，有一個露天咖啡屋。每天

下午都有一支歐洲樂隊在這裏為茶客、舞客演出，地板上擠滿了身著泳裝的舞客。即使在21世紀的歐洲和美國，我再也沒見過如此浪漫的場景。

……

然而，這些歡樂只是一種假像，它遮蔽不了中日關係惡化的嚴重時局。和我們不一樣，當地人和北方遊客對時局都很瞭解，因為北方許多地方已經被日本人控制了。當9月份我們回到上海時，父親提醒我們，可能很長一段時間我們不會再去青島了。

如他所料，這確實成了我們在中國大陸的最後一次旅行。我們在上海的幸福生活很快也要結束了，他很傷心，或者說不情願接受這個現實。果真不到一年，我們全家相繼離開了這個家園，父母再也沒回來過。在後來漫長的海外生活中，父母常常念叨這段傷心的經歷。

幾年後，我們的花園住宅被租給了孫科的情人藍妮。再後來，六姑媽以父親的名義把房子賣掉了，以還清債務註8。解放後這棟房子成了上海交響樂團所在地，一直使用至今。

幾年前，當我已是八十老翁，帶著妻子兒女飛越太平洋來探望這棟房子時，發現大約70%的結構還保持原樣，只是汽車間和書房間被拆掉了。我覺得很逗樂的是，我和弟弟的臥室現在變成了樂團的排練廳。我們還很高興地看到，屋前那個寬闊的網球草坪仍舊保存完好。但是荷花池不見了，屋後的小河、菜地、花房都不見了，兩棟房子的中間被一堵高牆隔開了，牆上拉著電網，牆那邊是有解放軍站崗的保密單位。

領先了30年的經營思想

張叔馴自繼承了遺產後曾做過一些商業投資，其中有地產和兩家商業銀行。但是他對這些傳統的生意都不感興趣，他以他特有的思維方式和超前的經營理念，嘗試過兩次大的投資，這兩次投資都是極富創見和幻想的，可惜在當時都沒收到應有的效果。

一次是廣告業。他看到人力車整日整夜地充斥著上海的街道。他設想在人力車上貼廣告，使之成為流動的廣告，這樣廣告的資訊就會路人皆知。這在現在早已成為現實，可是在當初卻不為人們接受。開始人力車主都很贊成這個主意，因為這樣可以給他們帶來額外的收入。最初一切都很好，可是不久人們發現，乘客卻不願惠顧這些貼了廣告的人力車。因為它們過於招人眼目，乘車的人覺得被人盯著看很不舒服。最後，車主們決定放棄這個做法，這麼一來，這項頗有創意的生意就失敗了。

第二次投資是製造膠木餐具和相關產品，為此他創辦了東亞電木公司，這次投資要比做廣告業大得多。方法是用澆築成型技術生產人造樹膠類生活用品，諸如盤子、碟子、碗，質量相當結實可靠，他還製造了一些圓形的硬幣盒子來保存他最有價值的古幣，他兒子家裏至今還保存了一些。70年後的今天拿來看，這些盒子還像新的一樣，沒有劃痕，沒有褪色，每個盒子的鉸鏈都很潤滑，咬合也很緊密。説明產品的質量是沒有問題的。

對於這一新生事物，上海的商店起初很支持他，願意為之經銷和代銷。但是消費者的接受度卻很低。由於技術的約束，製出來的餐具

都很重，設計的式樣不漂亮，顏色也很有限。人造樹膠製品在那個時代成本高，價格高，簡直太超前了，顧客何必花錢去買你那個又貴又重又不美觀的餐具呢？最後，因銷售量太少，入不敷出，只好在1936年關閉了這家工廠。

這兩次投資雖然都不成功，但他始終沒有放棄努力。同時，他還掌管著張氏家族中一部分鹽務生意，常去鎮江等地查賬和巡視，讓他傷腦筋的事情著實不少的。但是，大多數朋友只是看到了他「貪玩」的一面。

自然，他熱衷玩的東西的確有不少，因為他對西方舶來品的嚮往總是不可遏止。他非常喜歡一些機械小玩意，手裏常常能突然「變出」最新式的照相機和攝像機。按他的說法，他有一個口徑0.99的攝影機，可以用來拍電影。他還有一個比照相更嚴肅的愛好，是裝置無線電收音機。1930年左右，他和他的姚兄（其妻的三妹夫姚新泉）已是多年的無線電愛好者了。

和所有中國人一樣，他又愛好吃，尤好西方美食。南京路上一家叫「馬賽」（Marseille）的法國飯店是他的最愛。那是一位法籍猶太人開的，他和夫人經常去那裏進餐，有時也帶孩子去，有時吃完還會叫幾道外賣菜帶回家。當家中有大型晚宴的時候，他一高興還會親自動手，把他擅長的幾道西菜發揮得很好。

他還喜歡西方音樂。他不太喜歡古典音樂，但是對流行的舞蹈音樂註9情有獨鍾。那時上海有很多舞廳，但他總樂於和妻子一起到著名的大華飯店去跳舞，因為那裏有當時最好的舞廳（可惜現在拆掉了）。

同時，他還喜歡跑馬。1930年前後，他在江灣跑馬場養了十幾匹馬，經常自己親自騎馬參加比賽，還為大兒子張南琛買了一匹很可愛

張石銘的六小姐張智哉

的小馬駒，培養他的跑馬興趣。可惜兒子的跑馬興趣始終沒有培養起來，他自己的馬技卻日見提高。有一次跑馬，他又親自披掛上陣了，因為他在圈內並不太出名，所以沒有人相信他能奪冠，沒有人買他的馬票，只有一個裁縫，抱著碰碰運氣的想法買了他一張馬票。然而奇跡突然降臨了，那天的跑馬居然讓張叔馴意外地獨占鰲頭！這下那個買他馬票的裁縫可意外地發了大財了，因為只有他一個人買張叔馴的馬票，那麼所有的獎金也就由他一個人獲得，共有幾十萬元！中獎的比例是1比10萬以上，創下了世界紀錄，這個紀錄保持了5、60年。當時，只見一箱一箱的現鈔被扛上計程車，那個裁縫興高采烈地運回家了。這一幕連張叔馴本人也張口結舌！

……

在那個時代，張叔馴無疑是很奇特的。與他的朋友和親戚相比，他個性獨立，不隨流俗，不酗酒、不賭博、不納妾、不沾染惡習。他總是生活在他認為高雅的圈子裏，但在別人看來，他整天

無憂無慮，似乎從未長大。事實上，他喜歡運動、喜歡賽車、賽艇、跳舞、跑馬，喜歡所有有創意的機械，這些都使他成了一位上海灘典型的西方文化鑒賞家——可能比他的時代領先了30年。

「齊齋」藏品的最後歸宿

　　1938年，張叔馴全家因日本侵華而出國，臨走時他把所有的錢幣收藏及生意上的事務，全都委託他的姐姐張智哉代管。在美國，雖然他曾經有一段非常發達的時代，主要是投資股票帶來的收益。但是脫離了華夏文化的生活土壤，尤其不幸的是遭遇了美國二戰之後那場令人膽寒的股災，精神上受到很大打擊，使他無法再繼續他的收藏生活。而且因生活所迫，他出讓了他的古玉，但他始終捨不得出讓他的寶貝古錢。

　　抗戰勝利後，張叔馴曾於1946年回上海處理他的帳務和財產，4個月後返美，臨走時把他最好的古錢（約2000枚）帶去了美國。這2000枚古錢是他藏品中的至精品，著名的孤品「大齊通寶」也在其中。這些心肝寶貝，伴隨他走完了人生最後一程。

　　張叔馴的錢幣雖未印過錢譜或目錄，但是據他的長子張南琛先生提供的資料和線索，仍能基本看清其舊藏的面貌，以及大致的流向——最好的2000枚古錢現在仍在美國，但是已經易手，是張叔馴去世若干年後由其夫人徐氏，賣給了當時的大收藏家TAI.J.T（音：戴吉濤）先生。

　　這位戴先生是60年前闖蕩美利堅的傳奇人物，山東人，他原先在上海時就與張叔馴認識，那時他還是一個身背古董包袱，走街串巷做

張靜江為張叔馴畫的扇面

小本生意的小古玩商。張叔馴為照顧他的生意，經常象徵性地買他一些小玩意兒。抗戰爆發後他到了香港，抗戰勝利後到了美國，在美國先是做古董生意，後來做房地產生意，發了大財。張叔馴的夫人與他的妻子常在一起打麻將，彼此間非常熟悉。

不幸的是，這位戴先生後來也去世了，接著他的夫人、兒子和女兒也相繼去世，沒有第三代人。戴先生身後留下了2000－3000萬美金的巨額遺產，就組成了一個由他的名字命名的基金會。這是一個著名的慈善事業基金會，該基金會曾多次向中國的醫療機構和大學捐款。張叔馴的這批「精銳部隊」，包括「大齊通寶」、「應天元寶」、「中絲元寶」、「應聖元寶」、「咸平元寶」、「天慶元寶」「乹德元寶」……在內的2000枚珍貴古錢，現在理應都還在這個基金會中。至於這批古錢現今收藏在什麼地方，目前還是個謎。估計這個基金會不會拆散這個有頂級意義的專藏，説不定什麼時候就會在某個大博

物館裏隆重展出。

值得慶倖的是，張叔馴還有不少藏品留在了上海，在上海博物館。這個過程頗具戲劇性，是由好幾個渠道匯集到該館的。

張叔馴有個內兄叫徐懋齋，是其夫人徐懋倩的哥哥，也很喜歡古物，於古字畫也很有研究，跟張蔥玉也非常熟悉。在一個特殊的時候，他曾獲得過一批張叔馴的錢幣藏品。後來他生活發生困難，就把這批古錢的一部分，拿去賣給了上海博物館。剩下的一些在「文革」中被造反派抄家抄走，最後還是歸入上海博物館。張叔馴的這批藏品被認為是奠定了上海博物館錢幣陳列室的基礎，尤其是歷代錢範，陶範、石範、銅範和鐵範，應有盡有，大大充實了該館這方面的館藏。註10

1946年時，張叔馴僅僅是把他最好的錢幣2000枚帶去了美國，其餘藏品仍舊交給他的姐姐張智哉繼續保管。但是後來張智哉也離開了大陸，她1956年去香港和日本時，除了將一小部分帶到了日本（據說在1968年，張智哉到美國探親時，把在日本存放錢幣的保險箱鑰匙交給了張叔馴的夫人徐懋倩），大多數被放在一個保險箱裏，委託她的女兒徐景淑、女婿顧正言保管。1963年，徐景淑、顧正言夫婦也要去美國了，就把這些東西交給顧家的一個親戚保管，直到「文革」中被造反派抄走。「文革」後落實政策時，被抄走的東西得到發還，顧家親戚從「文清組」領回了好幾個箱子，裏面除了其他文物，還有數千枚古錢。

據說在發還的時候，國家還是動員藏家把最好的東西捐獻給國家，或者作價由國家收購。在這種情況下，張叔馴留滬的最好的一部分藏品，又歸入了上海博物館，時間在1980年。

巧的是這批古錢到上海博物館後，正值該館的錢幣專家馬定祥先生還未退休。有一天，馬承源館長和陳佩芬副館長找到他，交給他一項新任務，要他鑒定一批古錢。馬定祥把這批古錢攤在桌面上一看，他驚訝地發現，原來這是一批張叔馴的藏品。這些藏品，有的他在1946年張叔馴回滬時就參觀過，有的是從楊廷康手裏買到的拓片上看到過，對其中著名的藏品，任何錢幣收藏家見了都會眼熱心跳、記憶猶新的，何況是馬定祥。於是馬定祥在他的日記中記下了這項有意義的工作。這項鑒定工作共做了三天，可知為數不會很少。

最終發還到顧家親戚手裏的，是3000枚屬於用來研究板式用的比較普通的錢幣，他們將之存入了交通銀行保險箱。2003年，張南琛先生再次回上海時，他和他的表姐徐景淑終於看到了從文清組領回的那3000枚錢幣。從30000枚到3000枚，張叔馴的古錢幣回到他的後人手裏的，只剩下原先的十分之一。

在這3000枚錢幣中，有一些極古老的4字刀幣、很多是普通的硬幣，還有幾百枚近代機器打制的銀幣和銅幣。其中有1000枚開元通寶，幾百枚崇寧重寶和政和通寶。人們或許會感到詫異，為什麼呢？張南琛解釋道，他父親除了大力收集孤品和珍品，還致力於研究古幣的板式，他相信即使是最普通的幣種，也會存在著板式差異。為了弄清板式特徵，就需要大量相同種類的古幣，以確認每種差異的規律。僅有少量的樣品是無法進行這種研究的。

⋯⋯

當然，上海博物館裏還收藏了另一部分張家舊物，那就是1966年紅衛兵從南無錫路張家老宅地室裏搶去的那部分。當時哄搶去的東西

後來經有關部分追查，追回了一部分，主要是青銅器，其中有越王青銅劍、西周禮器，另有少數瓷器。80年代初落實政策時，這批東西獲得發還，由張石銘的小女兒張淑英、孫女張穎初及小兒媳陳文蔚共同領取，共裝了六個旅行袋。張家人響應政府的號召，把這六個旅行袋的文物送到了博物館，由博物館作價收購。這些應是張石銘的舊藏。加上解放後張蔥玉賣給博物館的一些字畫，如此說來，上海博物館已收藏了張家三代人的藏品了。

【註釋】

註1：唐先生是當時《申報》的首席攝影師，他的女兒嫁給了戴季陶的兒子，不過這場包辦婚姻並沒有維持多長時間。

註2：二樓的主臥套房和樓下那個正式的飯廳面積相似。主臥套房有一間浴室和兩個很大的容得下人的壁櫥，還有一個壁爐和一間類似陽光房的房間。張南琛和張澤璉兄弟的臥室也很寬敞，有一間浴室和一個一人多高的壁櫥。張叔馴家的氖管燈是藍色的，而張蕙玉家的是粉色的。

註3：義大利生產的一種高級轎車。

註4：據張叔馴的外甥徐昌澤（吉恩）說，這個畫家30年代的作品風格與張家的這張畫非常一致。

註5：有8到10個長35英吋、寬16英吋、高22英吋的壁櫥（總長20－25英呎），占了一整面牆，可以容納張叔馴全部的古錢收藏，即26000到28000枚。這個數字和馬定祥先生看到的大約有30000枚的說法一致。

註6：「曼伊夫」年近40，很友好、隨和，大家都喜歡和他一起玩。糟糕的是他不會講中文和英文，這也是張叔馴選擇他當保鏢的原因之一，因為他很難介入任何陰謀。他在張家服務10年，仍不習慣中國菜，廚師不得不為他準備他喜歡的火腿和蛋炒飯。

註7：那首詩是：「昔人飲酒吟詩地，今日荒蕪不可尋。得石建亭名景白，為其重植小桃林」。

註8：二十世紀30年代中期，張家在金融界信譽卓著。即使和他們沒有來往的人都願意，甚至是非常渴望將錢存到張家，以獲取一份利息。由於張叔馴出國，他的姐姐張智哉把房子賣了以解決那幾百份存單。

註9：即輕音樂

註10：〈文物圖書清理小組清單〉，上海博物館

祖孫三代都是校長

如上所述，張家東號基本上是個革命加實業型的大家族，但也有例外，其中大房就充滿了學術和藝術氛圍。他們三代人張弁群、張乃燕、張澤琳都從事教育工作，而且都當過校長。當然學校有很大不同，張弁群辦的是小學，他的兒子張乃燕辦的是大學，他的孫子張澤琳辦的是中學。

張弁群（1875－1922名增熙，號查客）是張寶善的長子，他跟張靜江一樣，細胞中充滿了反叛性。他雖自幼好學，讀書不倦，但對於科舉考試卻不以為然。他的思維非常活躍，很懷疑中國的教育制度，直到21歲才去參加童子試（即考秀才，一般鄉鎮少年13、4歲就去應考了）。或許是他「命」中根本就沒有科舉這回事，上了考場竟突發眼疾，什麼都看不清楚了，只好半途而廢。此後為治病他輾轉各方，到處求醫，但均未能奏效。他有一

張乃燕

教育家、書法家、外交家

張石銘
靜江家族

個美國醫生朋友叫柏樂文,勸他到海外醫治,於是設法出國看病,順便周遊列國[註1]。從他突發眼疾到治好眼病回國,竟用了7年時間。1902年,他回國的那一年,恰恰是他的弟弟張靜江跟駐法公使孫寶琦出國的那一年。

幾年的海外生活,張弁群開闊了眼界和胸襟,他親眼看到列強國力如此強盛,教育如此發達,民心如此開朗,頓起救國之心。他在法國又接觸了維新主義志士,受新思想、新事物的影響,回國後立志以教育救國為己任,仿照國外學校的模式,在家鄉創辦新式學校。他還主張婦女解放,男女平等,於是又創辦了女校,這在當地都是開風氣之先的創舉。

他在家鄉辦過兩所學校。一所叫南潯正蒙學社。後來在民國政壇上很有名氣的朱家驊、葉楚傖都曾在該校讀過書,他的兒子張乃燕也是該校的學生。校址就在張家老宅附近。他聘雙林鎮的曹礪金為主任,協理校務,聘彭周鼎為體育老師,按照國外的教學體制,要求

張乃燕

學生德智體美全面發展。但是在晚清思想禁錮的時代，這只是個一廂情願的教育實驗。這個學校辦了5年，終因不符合當時的學制，於1906年被迫停辦。張家的親戚、華東師範大學古籍研究所的百歲教授周子美先生（名周延年，南潯周家的後代，與張靜江的二女婿周延鼎為堂兄弟），談到張弁群辦這個學校時感慨萬分：「前後五年，斥資巨萬」。

但是張弁群沒有甘休，後來他又仿照蔡元培辦愛國女校的辦法，在南潯創辦了第一所女子學校——潯溪女校。他的革命傾向，在聘請教職員工上也體現出來。他聘當時的女革命家、浙江石門人徐自華為校長。時值同盟會會員秋瑾從日本回國，經蔡元培、褚輔成介紹，也到潯溪女校任教。秋瑾當然在校內宣傳反清的革命思想，張弁群沒有意見，但卻招致一部分校董和學生家長的反對和排擠，僅教了一個學期即返回上海，校長徐自華也隨之忿然辭職而去，學校也只能停辦了[註2]。可知南潯既是維新思潮很活躍的地方，也是個保守勢力十分

張乃燕、邢景陶夫婦

強大的地方，推行新學是一場艱苦的革命。

張弁群有志於教育是出了名的，鎮上凡是有志遊學的青年，他總是樂於給予資助，有求必應。後來鎮上潯溪書院改設高等小學，公推他當校長。這次是辦公立學校了，他照樣盡心盡意，並帶頭為學校的建設募捐，使學校的規模大為改觀[註3]。如此算起來，他共辦了三所學校。除了辦學校，張弁群還在張家老宅的後面開辦過一家潯溪綢廠，以新的技術振興家鄉的絲業。為了聯絡和團結家鄉的知識份子，他還辦起了閱報社，目的仍在於開啟民智，宣傳維新。

大約在1908年晚清政府宣佈要實行新政（改革）的時候，可能張弁群受了康有為、梁啟超改良主義思想的影響，來到北京，花錢捐官，當上了郵傳部郎中（相當於交通部的中級幹部），直到辛亥革命爆發才回到南潯[註4]。

他又愛好金石書畫，精於鑒別，所藏青銅器有商祖已角、漢建安努機、唐彌陀經幢……又擅書法，筆法古樸，人云逼近覃溪，得者珍之。時人還以他的字與金紹城的畫號為南潯「雙傑」[註5]。

他的夫人蔣汝芝是著名藏書家蔣夢蘋的姐姐，也是南潯「四象」之首劉鏞的親外孫女。他們有一兒四女，兒子就是創辦了國立中央大學的張乃燕。

中央大學的首任校長張乃燕

張乃燕（1894－1958）是張家尊德堂的長房長孫，他繼承了其父的文人秉性，在教育和學術上潛心鑽研，作出過傑出貢獻，是張氏家族

中著書最多的一個人。他一生經歷了晚清、民國、抗戰、解放四個歷史時期，遊蹤遍及世界各地，學術上涉獵化學、歷史、軍事、繪畫、書法各科，還當過外交官和民國政府裏的教育官員，是位經歷豐富、多才多藝、有責任心的複合型學者。

　　張乃燕的少年時代在南潯張家的老房子裏度過，先後就讀正蒙學社及潯溪公學，在杭州府中學堂接受了中等教育，畢業後進蘇州東吳大學攻讀化學，18歲加入了國民黨，19歲赴歐洲留學，先後在英國伯明罕大學、倫敦皇家理工大學、瑞士日內瓦大學學習物理和化學，完成了題為《Contribution ala Connaissance des Acides Ortho-et paranitro-alpha-bromo cinna-miques》的論文，1919年獲日內瓦大學化學博士學位。他遊學歐洲的這幾年中，正是第一次世界大戰時期，他輾轉各國，親身經歷了這場戰爭的全過程，所以這個博士學位獲得的格外不易。獲得博士學位後他沒有立即回國，而是跟他父親一樣，在海外考察社會和教育，於是在歐洲、美洲和日本轉了一大圈。[註6]

　　回國後，他在南北多所高等院校擔任教授——1919年在復旦大學教授物理；1920－1923年在北京大學教授化學，兼任北京高等師範學校和北京工業專門學校化學教授；1923年當選為浙江教育會會長，同時兼任浙江省立工業專門學校化學教授。1924年5月，應孫中山先生之聘，出任廣州大本營參議，從此漸漸步入政壇。1925年他回到上海，在光華大學教授科技史；1926年1月任廣州國民政府參事，2月任外交部秘書，5月派為教育行政委員會委員，同年擔任國立廣東大學（後稱中山大學）工科學長（相當於工學院院長）。1927年國民黨北伐勝利後建都南京，他再次北上，擔任江蘇省政府委員兼教育廳廳長，不

久被任命為國立中央大學首任校長。

　　此後的幾年間，是他在政壇上步步深入，仕途一帆風順的時期：兩度兼任浙江省縣長考試典試委員，當選國民會議代表，還當上了浙江省政府委員；在張靜江出任國家建設委員會委員長期間，他還任過建設委員會副委員長，成為張靜江大搞基本建設的幫手。1933－1935年他又從事外交，出任比利時大使，曾被比利時國王授予大十字勳章……至此，達到了他仕途的頂峰。註7

　　現在南京大學（前身是國立中央大學）的百年校史資料中，可以窺見他創辦中央大學的那段生活。這段生活對他來說即很光榮，也很艱苦。

　　1927年國民黨定都南京。新政府一開張，一切都要有新氣象，教育方面就計畫建設一座民國最高學府。新建一所最高學府談何容易？只好把原先的九所公立學校合併起來，組成一所綜合型的大學。九所學校是：東南大學、河海工程大學、江蘇法政大學、江蘇醫科大

張乃燕的著作《羅馬史》

張乃燕的著作《世界大戰史》

學、上海商科大學、以及南京工業專門學校、蘇州工業專門學校、上海商業專門學校、南京農業學校。

最初的校名叫國立第四中山大學，一方面是為了紀念孫中山先生，同時還考慮到南京是北伐軍攻克的第四座歷史文化名城，故在其之前冠以「第四」二字，以期有別於廣州的中山大學（即第一中山大學）、武漢的第二中山大學（即武漢大學）、杭州的第三中山大學（即浙江大學）。第四中山大學隸屬於中央政府，所以校名之前又加上「國立」二字[註8]。這樣把9所學校捏在一起的學校有點像一個大學的聯合體，於是又有了「大學區制」的說法。

張乃燕在1927年6月9日被任命為該校校長的，當時才33歲。

張乃燕的母親蔣汝芝（居中）、夫人邢景陶（右二）、妹妹張乃怡（右一）、張乃端（左一）。

他在被任命為校長之前，於江蘇教育廳長任內就已經在著手籌備大學區的工作了。他延聘了27位專家學者為籌備委員，草擬了大學區的組織大綱和各項章程，同時抓緊完成對各校的接收工作（參加接收江蘇醫科大學的四個人中的樂文照，後來成了張乃燕的妹夫），將原東南大學校址作為第四中大的校址暨大學本部所在地。張乃燕在學校的建制、辦學方針、大學規程的制定、各級領導班子的配備、著名教授的選聘、課程的建設等諸多方面的工作，都作了有開創意義的工作，在那個百廢待舉的時代，為中國的高等教育，謀劃了新格局。當時辦學經費不足，該校新建的漂亮的大禮堂，還是張乃燕向公私各方募捐30餘萬元才得以建成的。

誰知這個新生的大學並不是個省油的燈，動不動就要出點事情的。首先是招生問題，因為這個大學是9所大學合併起來的，有本科也有專科，要統統作為中大的學生，就有一個在統一標準下的甄別問題，最初的招生工作就只好圍繞甄別9校的學生為中心展開。對東南大學、上海商大、河海工大等7所院校的學生，經審查合格者，一律入學試讀一學期，再行甄別，合格者即為中大學生。而對江蘇醫大、南京農校的學生則另區別對待。至於各校原有的特別生和附讀生，則要補行入學考試。這樣一來，一部分學生就不能升入中大了，思想情緒低落，致使不少學生失學在外，社會上對此自然有些不滿的反映。註9。

接著又發生了部隊強佔學校房子的事情，張乃燕不得不親自寫信給國民政府軍事委員會告狀，要求即日將校舍發還學校。

後來圍繞學校的校名問題，又有好幾個月不得安寧，學生們一

會兒遊行，一會兒罷課，竟鬧了一場不大不小的學潮，也令張乃燕非常頭痛。實事求是地說，國立第四中山大學這個校名是有些先天不足的，因為中山大學不止一處，不是教育圈內的人就很容易弄混，況且還有建設更多的中山大學的動議。於是在1928年2月29日，大學院（即教育部）大學委員會通過了更改校名的決定，並發佈了165號訓令，決定把第四中山大學更名為「江蘇大學」。

這項決定即刻引起了師生們的不滿，學生們尤其激動，立即成立了「國立第四中山大學改定校名請願代表團」，代表們慷慨陳辭，上書大學院，認為江蘇大學這個校名，「既不足以冠全國中心之學府，又不足以樹首都聲教之規模」，並詳細陳述了改名江蘇大學的四點失當之處。學生們還自說自劃，懇請大學院改國立第四中山大學校名為「國立南京大學」，硬要叫大學院聽他們的⋯⋯

可是大學院怎麼能朝令夕改，出爾反爾呢？於是再次發令，依舊是要改成江蘇大學。學生們得悉後，群情譁然，尤其令學生們不能接受的是，大學院又作出決定：大學區大學均不必加「國立」二字，原國立第四中山大學只稱「江蘇大學」就行了。這樣更是火上澆油，學生們在體育館召開大會，一致反對改名「江蘇大學」。這回君子們要動手了，他們一起湧向學校大門口，居然把「江蘇大學」的牌子拿了下來，一路遊行，抬到大學院去「奉還」，以示抗議。

問題是，張乃燕這位校長大人是位准學者，他沒想到情況會弄到如此麻煩的程度，學生們動輒洶湧如潮水。面對學生們的組團、摘牌、遊行、抗議，他束手無策，不知該如何應對才好，這樣一來，學潮就必然一天天升級，竟至導致了罷課三天的嚴重局面。學生還把

張石銘家族

張靜江家族

譚延闓寫給張乃燕的對聯

「江蘇大學」的招牌抬到學生會，表示永不懸掛……張乃燕拿不出解決問題的辦法，上級自然對他就有了看法。

最後，這件「校名風潮」一直鬧到了國民政府，最終迫使大學院改變了原先的決定。經臨時會議議決，最後作出了讓步：「江蘇大學改稱中央大學，得加『國立』二字。」1928年5月4日，大學院院長蔡元培親自到校宣佈了這一決定，這場「校名風波」才告平息。同時國民政府又任命吳稚暉為校長，無形中把張乃燕給晾在了一邊。可是吳稚暉知道中大是個是非窩，根本不願去，堅辭不就，那麼張乃燕這個倒楣的校長就只好再當下去。

在後來的幾年中，辦學仍是困難重重。張乃燕不得不於1929年6月提出辭呈，但是國民政府不批准，還在指令中說：「該校長學識宏通，著有成績，正宜繼續努力，勉任其難，所請辭去本兼各職之處，應毋庸議。」直到1930年年底，教育部派朱家驊來接任了，張乃燕終於可以從火爐上下來了。註10

從化學專家到歷史學家

1935年5月，張乃燕從比利時大使任上辭職後，開始了長達20餘年的豐富多彩的退休生活。他曾遊歷了36個國家500多座城市註11，每到一處，總是把印有當地的風貌的明信片寄回國內。據他的孫子張文嘉說，原先家中保存了數百張祖父寄自國外的明信片，非常好看，孩子們常拿出來玩，可惜「文革」中都被毀掉了。

抗戰爆發後他開始過隱居生活，在上海延安中路399號自建的一幢花園洋房裏，以字畫、文物、著述自娛。那是一處有著溫室和小橋流水的花園，北部是一棟3層洋房。但是一個日本人硬要租借他的房子，他們一家只好搬到上海新村住了好幾年，抗戰勝利後費了不少周折才得搬回。

張乃莊、樂文照夫婦

他的研究和著述從留學回國後不久就開始了，而且研究的面很廣，所以在他的著作中，除了有《藥用有機砒化學》（1921年）、《有機染料學》、

《歐戰中之軍用化學》（1921年）外，還有《歐洲大戰史》（1929年）、《世界大戰全史》（1923年）、《羅馬史》（1929年）、《希臘史》、《芸廬歷史叢書》、《國際條約大全》等，似乎是化學專家兼軍事家和歷史學家了。

他在《世界大戰全史》的序言中說：「世界大戰（指第一次世界大戰）開始之年，乃予赴歐之後一年；世界大戰結束之年，乃予回國之前一年；故大戰始末予得窺其全貌焉。予先後留學英國三年，法一年，瑞士三年；予所研究著為化學，暇則涉獵彼國史乘，以償予夙好。」說明對歷史的關注是他一向的業餘愛好。有意思的是，他寫這部書所使用的資料，有很多是他在這場戰爭期間刻意收集來的戰事戰報，經他按時間編纂，蔚成巨編。在瑞士的時候，他還收集到「同盟國」和「協約國」及中立各國的各種書報，以求能全面地分析問題。然而他還擔心自己所見不廣，判斷不真，在大戰停戰並簽定和約之後，他立馬奔赴西部戰場，到現場考察當時戰爭的情況（可惜當時所拍攝的現場照片未能保存下來，均毀於十年浩劫）。這種不辭勞苦地到實地去查訪、考證的治學態度，尤為難得，的確是張家人勇敢和執著精神的延續。

當那場第一次世界大戰正式打響時，很多留學生都打點行裝回國了，張家也有人來信勸他回家。但是他的父親張弁群不允許，他力排眾議，主張只要還有地方可以讀書，就應當在當地把書讀好，並且一再寫信給他，諄諄告誡，一定要終業才能返回。知其子莫如其父，果真，張乃燕輾轉各方，不僅完成了學業，還收集了大量戰爭史料，使得他的《世界大戰全史》這部巨著，除了文字，以翔實的資料和眾多的戰爭形勢圖著稱。

一張保存了8年的支票

張乃燕在家族生活中有一個大功勞，就是為兩個小妹妹張乃莊和張乃怡挑選了兩位好夫婿。他曾得意地對人說：「我兩個大妹妹出嫁，都是老太爺作主，找的都是大少爺，不好。兩個小妹妹是我作的主，都是有學問的，做事做得不錯。」

所謂兩個小妹妹的好夫婿，一個是張乃莊的丈夫樂文照（1896－1979）；一個是張乃怡的丈夫趙曾玨（1901－2001）。樂文照是美國哈佛大學醫學院博士、著名的內科醫生，曾任上海紅十字會第一醫院副院長、內科主任、上海中美醫院內科主任、醫務主任、中華醫學會上海分會理事、內科學會理事長，解放後任上海市衛生局顧問，上海市第二、三、四、五屆政協委員，被譽為上海最好的內科醫生之一。張乃怡的丈夫趙曾玨（真覺）交大畢業後留學英國、德國和美國，是哈佛大學電信專業的碩士，回國後長期擔任浙江省電話局局長，抗戰勝利從重慶返滬後任上海公用事業局局長。解放前夕去美國，被愛迪生延聘為系統工程師，又任紐約哥倫比亞大學河畔電子研究所資深研究員，開發雷達技術，直至退休。他被譽為旅美華人中的工程師老前輩，活了100歲，九十年代江澤民同志訪問美國時，還在三藩市會見過他。

張乃莊、樂文照夫婦一直留在國內。當初張乃燕當中央大學校長時，有計劃要辦幾個學院，其中醫學院準備辦在上海，因為上海醫學界的實力雄厚，又有原先的基礎。那時樂文照才30歲出頭，美國哈佛大學醫學院畢業後，先在北京協和醫院當住院醫師，後在上海聖約翰大學醫學院任教授。當他看到各地像樣的醫學院都是外國人所辦，中國人自己沒有一所正軌的醫學院時，就萌發了創辦一所中國人自己的

醫學院的想法，並聯絡了幾位知名醫生聯合向南京政府寫信，提出申請。當時張乃燕正在江蘇教育廳廳長位子上，樂文照的信正好落在他的手裏，於是「天降大任於斯人也」，張乃燕就抓住他主持籌備創辦上海醫學院。

學校準備工作就序之後，張乃燕見其不僅醫術好，而且會團結人，工作上一絲不苟，而且工作能力也很強，就有意讓他出任醫學院院長。可是樂文照覺得自己資歷太淺，在國內尚沒有很高威望，就建議請顏福慶先生（顏惠慶先生之弟）來擔任。時值顏福慶剛剛接到北京協和醫院的聘任書，已簽約1年，不能馬上來上任，上海醫學院院長的擔子，實際上只能由樂文照挑起來了，同時還兼任該院內科系主任及紅十字會第一醫院副院長。

在滬工作期間，樂文照碰到一件奇怪的事情。一般病人的家屬或是親戚朋友託人找到醫生，總是要求醫生千方百計把病人的病治好，寧可額外多付報酬。可是有一天來了幾個人，聲稱有

少女時代的張乃莊（左）、張乃端

張乃燕的長子張澤琳、翁國華夫婦及孫子張文嘉

什麼來頭的，他們神秘兮兮地把樂文照拉到一邊，掏出一大把錢，要求他把某某病室的病人「治」死。樂文照心頭一驚，感到事情嚴重，就回答他們說：「我為病人看病，只會把病人治好，不會把病人治壞的！我沒有這個本事，你們另請高手吧！」後來他聽人傳說，那個病號是上海中共地下黨的領導同志。樂文照耽心出事故，特別關照醫護人員加強值班，不許陌生人靠近病人，直到那位病人出院。類似的事情發生過好幾次，樂文照都巧妙地應付過去了，受他保護的究竟是些什麼人，他並不知道。直到1949年5月底上海解放幾天後，中共上海地下黨的于伶同志帶著幾個同志穿著軍裝來到他家道謝，他才知道，被他保護的病人中的確有地下黨的負責同志。

抗戰前夕，顏福慶在國外募捐了一筆錢，為醫院建附屬醫院（中山醫院）。工程收尾時抗戰爆發了，顏福慶到內地去了，上海的工作由樂文照負責。可是工程結算下來仍缺十餘萬元，顏福慶臨走留下一張數萬元的中央銀行支票，關照其能結算掉多少就先結算多少，差額部分只好戰後再補。太平洋戰爭爆發後，中央銀行已撤走，手裏拿著中央銀行的支票不僅無法兌現，而且是件非常危險的事情，一旦被日本人發現就有通重慶方面之嫌而遭到迫害。樂文照夫婦堅信勝利的一天終究會到來的，於是由張乃莊小心地把支票藏了起來，除了丈夫誰也不知道藏的地方。抗戰勝利後顏福慶回到上海，張乃莊夫婦找出了這張支票鄭重地物歸原主。而且告訴他，醫院工程所欠款項，已經在抗戰八年中，從醫院門診等收入中付清了，請他放心。

可是正當醫學院師生振奮精神，準備戰後復興時，國民黨的「肅奸」擴大化開始了，到處抓偽學生、偽職員、偽醫生，以重慶來的醫

生替換了留在淪陷區的醫生。樂文照此時也受到了排擠，憤而離開了自己親手創辦的學校和醫院，到市第一醫院（解放後叫第一人民醫院）去了。

張乃燕書畫作品的最後歸宿

張乃燕的交際面很廣，除了政界、教育界、外交界，在文學藝術界也有很多朋友，梅蘭芳、俞振飛、徐悲鴻、齊白石等都與之熟悉。他屬馬，在他50歲生日（1944年）的時候，恰逢上海灘有一幫子屬馬的文化名人都在上海，大家又都是好朋友，就在中秋節那天會聚在法租界聞人魏廷榮的花園（榕園）裏，過了一個有意思的集體生日，並拍攝了一張有意義的照片，這張照片在上海灘非常有名，經常被媒體提到。參加過生日的除了張乃燕還有：梅蘭芳、吳湖帆、汪亞塵、蔡聲白、周信芳、李祖夔、范煙橋、孫伯繩……共有20人，年齡加起來正好一千歲，所以照片上的題字是：甲午同庚千齡會同仁攝影。徐悲鴻還特意送他一幅奔馬圖。

張乃燕的退休生活的一個重要內容是寫字、繪畫。他有一個別人無法企及的優勢條件，就是他有龐萊臣這樣一位作為收藏大師的舅公，一生收藏了數百上千件中國歷代的珍貴古畫。張乃燕與舅公處得挺好，就常到舅公家借畫回來臨摹。他很喜歡董其昌，臨摹了不少董其昌的畫和字，另外還有倪雲林、沈銓等等。

他似乎跟譚延闓的關係也不錯，譚曾送給他一副7、8尺長的對聯：「未辦報君青玉案，不知誰佩紫微壺」。

上海的畫家中，他跟呂鳳子的關係也不錯，因此他家中有呂鳳子費時兩年半時間，為之繪就的一本仕女圖，共數十幅，大多描繪古詩詞中的意境。註12

但是，張乃燕所有的畫件和朋友贈送的字畫，十年浩劫中不可避免的遭到厄運。造反派幾次三番地闖進家來無情搜刮，以至於弄得家徒四壁，沒能留下任何有價值的畫件，房子也被強佔，辦起了街道工廠。

好在老天長眼，讓張乃燕有了一個非常有責任心的孫子張文嘉（張澤琳之子）。改革開放之後，他十分留心藝術品拍賣市場的動向，把各家藝術品拍賣公司的目錄找來研究，一旦發現有其祖父或是張家其他各房老人的墨蹟，就設法競拍下來。數年下來，已經積累不少，有中軸，有冊頁，也有扇面和文房四寶。有他祖父寫的，有別人寫給他祖父的，也有曾叔公張靜江的字和扇子。那些字畫他都似曾相識，而且上面都被標好了號碼，儘管標得很不正規，據說那是「文革」中文物倉庫的統一編碼，

張乃燕的二兒子張澤琦是超聲波專家，多次被評為勞動模範，此為他的獎狀之一。

張乃燕的孫子張文嘉、趙潔夫婦是張家新一代的收藏家。

說明這正是「文革」中從他們家抄走的舊物。張家後代硬是靠自己的力量，再一件一件地買回來。

　　張乃燕假如地下有知，也該欣慰了。

【註釋】

註1：《南潯志稿・卷二人物》（手稿本），周子美

註2：《南潯鎮志》，朱倍得主編，上海科學技術出版社，1995年

註3：《南潯志稿・卷二人物》（手稿本），周子美

註4：《南潯志稿・卷二人物》（手稿本），周子美

註5：《南潯鎮志》，朱倍得主編，上海科學技術出版社，1995年

註6：《中國現代人名辭典・張乃燕》

註7：《中國現代人名辭典・張乃燕》

註8：《南大百年實錄》，南京大學出版社，2002年

註9：同上

註10：同上

註11：同上

註12：宋路霞採訪筆記：2005年8月5日訪問張乃燕的孫子張文嘉於上海

張靜江的10朵金花

「肥皂箱上的演說家」

1924年春天，原先一向是爺兒們撐世面的西藏路大慶裏張家，一下子變得像個女性世界，一群天仙般的青春少女突然「從天而降」。她們整天唧唧喳喳，情緒激動，常常在一起嚴肅地討論國家大事，諸如街頭流浪兒的問題，公共場所的衛生問題，吸毒問題，黃包車工人的生活境遇和安全保障問題等等。在別人看來早已經司空見慣，不足為怪的事情，她們卻不能容忍，像是發現了中國不得的社會大問題，呼籲國家立即拿出辦法來。她們時而相互辯駁，時而湧向他們的父輩討說法，甚至還走上街頭發表演說，像五四時期的青年一樣發動民眾⋯⋯

這是張靜江的5朵金花回來了。

這5朵金花是張靜江的前妻姚蕙生的5個小姐：蕊英、芷英、芸英、荔英、菁英。她們從小生活在法國和美國，初回上海，對中

張靜江的五個女兒。前排右起：張芷英、張芸英；後排右起：張荔英、張蕊英、張菁英。

國的許多地方都弄不懂。他們又繼承了父親政治情緒熱烈的細胞，遇到社會問題就不肯輕易甘休。

但這還僅僅是張靜江家的半個花的世界。後來張靜江的繼配夫人朱逸民又為他生了5朵金花，即乃琪、乃恒、乃理、乃琛、乃珣，組成了他家10朵金花，共計「萬噸」小姐的可觀陣容。另外，據張靜江的帳房先生李力經先生撰寫的回憶錄說，老張在元配夫人姚蕙夫人去世，繼配夫人朱逸民尚未「來歸」的「真空時期」，還曾與一女子生下1個女兒，只是這個女兒後來跟其母離開了張家，一般人就不記得她了。然而朱逸民夫人還是念記她的，若干年後張靜江逝世，分遺產的時候，這位不知名的小姐也分到一份，是張乃琪送去的。當然，張靜江家不完全是小姐，還有兩個公子，即張乃昌和張乃榮，他們都是二十世紀20年代以後出生的。

姚蕙夫人生的幾位小姐從小跟父母來到了法國巴黎，因張靜江的通運公司設在巴黎，第一次世界大戰期間為安全

計，他們全家移居美國。小姐們從小學彈鋼琴，進當地最好的學校念書，還經常參加當地的社區文化活動，對西方的音樂、舞蹈、美術都有很好的感悟，對美麗的服裝尤其感興趣。她們常常會弄來一些五顏六色的花布，幾個人你拉我扯，在身上左纏右纏，稍微一擺弄，就作出了時裝模特兒的效果。鋼琴更是她們的最愛，她們在鋼琴旁邊隨便切磋一會兒，手下就會流出屬於自己的樂曲。

張靜江的5個女兒小時候在巴黎。
前排右起：張荔英、張芸英、張菁英；後排右起：張芷英、張蕊英。

父母對她們非常關愛，一旦那個生了病，不僅像一般父母那樣，趕緊找來有經驗的醫生為之診療，還想方設法帶孩子去海邊療養（現存上海博物館的三百多張張靜江夫婦及隨員在巴黎時期的明信片，有一部分就是討論為孩子治病和療養的）註1。如果不是她們的母親不幸去世（姚蕙與孩子們在紐約一個公園裏散步時，不幸被樹上掉下來的枯枝砸中，腦溢血而去世），或許她們就一直在美國生活下去了。但是張靜江那時已從單純地為革命提供經費，發展為直接投身革命活動了，因而多數時間在國內，於是五

個小姐就由她們的舅舅姚叔萊夫婦帶回上海。

令她們的父親感到意外的是，整天在眼前飄來飄去的，似乎弱不禁風的女兒們，一旦回到國內，突然一個個都成了女革命家。她們中最小的菁英才12歲，最大的蕊英也才20歲出頭，與她們的後母年齡差不多。芸英和荔英剛高中畢業，不到20歲，都在如花似玉的年齡。

她們對國內諸多落後情況，沒有採取冷眼旁觀和鄙視的態度，而像她們的父親年青時一樣，懷有一顆耿直而率真的心，看不慣就要噴發出來。於是她們就像在美國看到的街頭演說家一樣，也嘗試著走上街頭，呼籲男女平等，呼籲耕者有其田，抨擊時蔽，號召革命。她們

張靜江的五個小姐和她們的舅舅、舅媽（後排）。前排右起：張芷英、張荔英、張蕊英、張菁英、張芸英。

一激動起來，就會拖出個肥皂箱子（那時的洗衣肥皂是用木條製成的箱子包裝的），手持一個紙卷做成的喇叭筒，踩上箱子登高一呼，就宣佈革命了。自然，這種呼籲是很微弱的，不會產生實質性的效果。時間長了，她們竟獲得了一個「肥皂箱上的演說家」的雅號。

她們習慣於獨立自主地思考問題，不違心地屈從別人，這種個性想必也是令她們的父親大為驚訝的。這不僅表現在生活上，政治上亦是如此。幾年之後，北伐戰爭取得了勝利，國民黨內部出現寧漢分裂的嚴重局面時，張靜江是蔣介石的哥兒們，支持南京，力主「清黨」，與武漢政府的宋慶齡、胡漢民、居正、陳友仁等絕然對立；而他的五朵金花，這時候卻無一例外地站在了武漢方面，支持了宋慶齡！她們中後來凡是留在大陸的，都與宋慶齡保持了聯繫，張荔英還嫁給了陳友仁先生。這大概都是張靜江所沒有想到的。但是張家講民主，從不壓制孩子們的意見，尊重她們的意見和選擇，所以父女間永遠是親切美好的。在女兒們遇到困難的時候，老爸總是設法給予經濟上的援助。

儘管小姐們思想「冒進」，但畢竟一個個長得亭亭玉立，熱情大方，討人喜歡，一身好看的西式服裝總會牽動眾多羨慕的眼光。

1924年時蔣介石的夫人是陳潔如，是張家的常客，也為小姐們的美麗和活力而感到震驚。陳潔如在她的回憶錄裏這樣描述初到上海的張家小姐：「五位可愛的女兒，每位都穿著齊整，顯得聰明、帥氣而迷人。她們一起回家來與她們的父親與後母同住。她們不像普通小姐，而都曾先在法國，然後在美國接受教育。在我看來，她們簡直就是摩登的極至。我對她們那種自然爽朗的神氣、瀟灑大方的儀態及雅

致的服裝，尤其印象深刻。她們真的不同於上海一般姑娘，我認為她們棒極了！」[註2]

陳潔如與張家大小姐張蕊英尤其合得來，認為她「最溫婉可人」。在她最痛苦的時候，張蕊英給了她精神上的安慰。在後來世事多變的幾十年中，她們始終保持了純真的友誼，堪稱最知心的朋友。陳潔如與其他幾個小姐關係也不錯，在她60年代初去香港定居之前，在北京受到周恩來總理款待時，周恩來問她還想見什麼人，她說想見見張靜江的三小姐張芸英。[註3]

大女兒蕊英嫁得最風光

由於張家特殊的家庭背景，加上小姐們特有的氣質和秉性，她們的婚戀就格外地與眾不同，一時成了時人關注的熱點。她們各有各的感情經歷，各有各的傳奇故事。

大女兒蕊英嫁川沙富商瞿谷卿之子、美國留學生瞿濂甫（志潔）；二

張靜江的大女兒張蕊英

女兒芷英嫁著名實業家、美國留學生周君梅；三女兒芸英嫁中國第一代電影導演、也是留美學生陳壽蔭；四女兒荔英嫁孫中山先生的外事顧問、國民政府的外交部長陳友仁；五女兒菁英嫁著名的病理學家、四十年代後期的國民政府衛生部長林可勝。

其中大女兒的婚事是老太爺為之操辦的。現在南潯張靜江故居的陳列室裏，陳列著一組十分有含金量的賀喜禮單（原件在南京國家第二檔案館的張靜江卷宗裏），很能説明當時門庭若市的盛況。那禮單上分別寫著：「僅具銀花瓶成對敬賀　令媛出閣之喜」、「僅具喜幛全幅恭賀」、「僅具鍛幛奉申　于歸之喜」、「僅具文華葛喜幛壹懸奉申」等等，厚厚一大本，時間是1930年。那時張靜江身為浙江省省主席，又是國家建設委員會委員長，政府大員的大小姐出閣，各方面人員不會怠慢。

婚後一對新人先後住過趙主教路（太原路）和西愛咸斯路（永嘉路），最後住進上海西區貝當路（衡山路）上的畢卡第公寓（衡山賓館）。畢卡第公寓那時是外國洋行老闆住的地方，只有兩家中國人住在裏面，一家是廣東富商譚家，另一家就是張蕊英家。

但是世界上的事情是複雜的，用金錢堆起來的風光是不會長久的。瞿濂甫雖是美國哥倫比亞大學法律系的留學生，但本性還是個公子哥兒，對家庭並不負責任，而很有花錢的本事。他在美國留學時，張蕊英在哥倫比亞大學讀美術學院。他見蕊英一幅大家閨秀的派頭，又有顯赫的家庭背景，就拼命追求。對於這件婚事，張靜江原本是不同意的，因為他有的是「情報人員」，知道這個公子哥兒原先有妻室，張家的大小姐怎麼可以嫁給原先有妻室的人？但是這對年輕人已

經雙雙墜入愛河，況且長期的西方生活，張蕊英不像傳統的中國人那樣計較瞿氏原先的家室。如此而已，當老爸的也是思想解放的先驅，自然不願違背女兒的意願，「恩准」即是。

誰知婚後不幾年瞿氏就真面目大暴露，在外面一旦碰上什麼不順心的事就回家發脾氣，甚至摔盆子打碗，動手打人。張靜江曾經給他找了一個不錯的工作，1935年安排他在浙江旅遊局，任導遊處的翻譯，專門陪外國旅遊者，發揮他外語好的特長，同時也用這個方法把他「拴」在杭州，省得他無法無天。張蕊英性情溫存，思想單純，一切總是樂於從好的方面著想。為了維持家庭的和平局面，她總是對丈夫婉言相勸，因為張家畢竟是個有影響的大家庭，自己又是中西女中和世界小學的教師。但是很遺憾，你越謙讓事態就越嚴重。當張蕊英確信他已經無可救藥，並且在外面拈花惹草時，就斷然與之分手了。

張蕊英作出這個決定是非常不容易的，她在父母身邊的時候得到了最

張蕊英的孩子（左起）：瞿明明、瞿斌斌、瞿英英（朱英）、瞿慆慆。

溫暖的照顧，但是對社會上的壞人壞事瞭解得太少了，防人之心根本還沒生出來。有一次大家在一起聊天，不知怎麼聊到了社會上的「野雞」，她竟很認真地問道：「什麼是『野雞』？」那時她已是好幾個孩子的母親了，惹得她家的保姆金媽都善意地對孩子說：「你看你們媽咪，連『野雞』是怎麼回事都不知道！」

但是她很明白是非，二十世紀40年代末，金圓券政策已經把老百姓手裏僅有的金子和外匯搜刮殆盡，老百姓手裏拿著大把大把的鈔票，但是買不到東西。她知道，這樣的局面肯定是不道德的，於是毅然支持了她的女兒瞿明明和朱英（原名瞿英英，參加革命後改名）參加學校裏的進步活動。瞿明明和朱英都是市三女中的學生，瞿明明在高中時就加入了中共地下黨，是該校的第二個黨員。女兒們的活動並不瞞著媽媽，要參加重要集會時就不能正常讀書了，學校規定必須有家長的請假條，當媽媽的有求必應，寫一張就是。有時兩個女兒還會把同學帶回家來，或是開會或是寫標語，蕊英就留同學們在家裏吃飯，把大廳的火腿罐頭打開，盡可能讓大家吃得高興。有時女兒和同學們到上海交大參加地下黨召開的集會，回來很晚了，蕊英就安排同學們在家裏地毯上入睡。多少年後，當年的這幫同學都已經白髮蒼蒼了，還念記著張家大小姐溫暖的照應。

可惜她壽不長。張蕊英1950年因患急性腦炎在滬去世，年僅50歲。在這前一年，許多民國老人的家眷都在盤算著離開上海，蕊英勸大家不要走。她很鎮定地說：「有慶齡（宋慶齡）在，我們大家不要走。」她堅信宋慶齡的選擇，與宋慶齡一直保持著聯繫。可惜不久她突發腦炎，僅在醫院住了三天就病逝了。

她是與她父親在同一年辭世的。那年她最大的孩子瞿明明19歲，最小的孩子才11歲，還在讀小學。從此，還在讀高中的瞿明明就成了一家的領導，開始了新一輪的生活。

母親的去世對孩子的精神打擊是可想而知的。到現在，他們中最小的男孩瞿慵慵還是堅持不去兩個地方，一個是畢卡第，另一個是公濟醫院（解放後叫第一人民醫院），因為畢卡第是母親帶他們生活過的地方；公濟醫院是母親去世的地方。

瞿濂甫在1947年去了香港，他是不管孩子的死活的。

好在他們的朱逸民外婆是個非常善良的人，得知大小姐去世後，曾多次從美國寄錢來。朱逸民外婆是個極其心細而且終生操勞的老太太，她怕公開從海外給瞿氏姐妹寄錢，會給瞿明明的處境帶來不便，畢竟那時的美國與中國大陸處於對立狀態，就把錢寄到張家的好友、上海兒童醫院院長富文壽先生家，他的夫人是永安公司郭家的三小姐，叫郭寶珠（露茜的姐姐），與張家都是熟人。每次錢寄到了，他們就打電話叫瞿明明到他們家去取。三反五反以後，國內政治空氣漸趨緊張，瞿明明叫外婆不要再寄了，寧可艱苦一些吧，外婆也就不便再寄了。瞿氏姐妹兄弟一直念記外公外婆在她們最困難的時候，給予她們的關懷。

兩年後（1952年），瞿濂甫在香港去世，當時他的父親還在世。當有人問起要不要將他的靈柩運回上海時，他的父親立馬表示：「不必」！可見，他的親生父母也早就視其為多餘了。註4

賢妻良母的張二小姐張芷英

張靜江的二小姐張芷英是個很有主
見、外柔內剛的賢妻良母，性格中還不
乏幽默細胞。她也是從小在法國和美國
讀書，中學畢業後進入紐約哥倫比亞大
學BARNARD學院就讀的，所以法文和
英文都很好。但是一旦回到上海，中國
話反而不會說了，於是回過頭去再進中
西女中補習中文，把中學又讀了一遍。

兩年後，中文勉強能應付了，但是
書寫上還常常要鬧笑話。比較值得「紀
念」的是她結婚時候的登記。結婚登記
嘛，新郎新娘必須親自在結婚證書上簽
名的。新郎官簽名後就輪到她了，她拿
起筆來寫得倒也利索，可是不知怎麼回
事，竟把張芷英的「張」字的最後一筆
給忘掉了，寫成了一個誰也不認得的
字。事後她很懊惱，說「我把我的姓少
寫了一隻腳」。自己的姓都會「少寫一
隻腳」，可見過中文關的確很艱難。

芷英表面上跟她的大姐一樣，窈窕
淑女，文靜而典雅，但是一旦遇到突發

張芷英、周君梅夫婦和他們的大女兒
周孟慈。

事件，她是很大膽潑辣，很有爆發力的。

　　她們回到上海不久，有一次她走在街上，突然上來一個小偷，伸手把她的錢包給搶走了。張家小姐那時都穿高跟鞋，大概小偷斷定這個千金小姐不會來追他的。誰知這位千金小姐跟人家不一樣，她把高跟皮鞋一脫，赤腳就追，居然被她追上了，抓住了小偷，奪回了自己的錢包，她還狠狠地把那個小偷教訓了一頓！可是那小偷也不是等閒之輩，見硬的不行就來軟的，對小姐哭訴說自己的父親正在生病，家裏沒有錢給老人治病，不得已才想出此招……這一招也真靈，張芷英一聽就心軟了，還覺得他孝心可嘉，於是把錢包裏的錢拿出來分給他一些，對小偷說：「你孝順大人需要錢，就應當跟我說，不要搶！」然後光著腳，雇了一輛黃包車自行回家。

　　回到家裏，她把這件事情告訴了父親，父親真是氣不打一處來，他倒不是心疼女兒給小偷錢，而是擔心這些天真爛漫的小姐，腦子裏根本沒有壞人的概念，遇到危險怎麼辦？於是趕緊把女兒教訓一頓，立下規矩一大堆：女孩子不許離家太遠，不許到那些治安差的地段去，不許一個人出去，不許……

　　回滬兩年之後（1925年），她與周君梅（名周延鼎）結為伉儷。周君梅是考取清華大學庚子賠款的留美學生，在著名的麻省理工學院MIT畢業，也是南潯人，他們在美國讀大學的時候就認識了。周家是南潯「八牛」之一，祖上跟張家的祖輩一樣，也是以絲業和鹽業發的家。兩個人是同鄉，都在美國受過高等教育，又有同樣的家族背景，他鄉遇知音，遂一見鍾情。婚後他們夫唱婦隨，相親相愛50年，養育了4個孩子（一男三女）。無論遇到怎樣艱苦的環境，張芷英都能應付

裕如，隨遇而安。

他們婚後先在杭州開了一家絲廠，經營得很不錯。張靜江見這個女婿這麼能幹，就叫他來幫自己做事。那時張靜江主持國家建設委員會，正在大搞基礎建設，於是就叫周君梅去主持修鐵路，出任了江南鐵路公司總經理，張靜江自己當董事長。

張芷英、周君梅夫婦和他們的4個孩子。後排右起：周世經、周孟慈；前排右一周麗緯、左一周淑景。

可是這樣翁唱婿隨的太平日子並沒有多少年，抗戰爆發了。戰爭年代裏，他們一家沒有跟隨張靜江避往海外，而是輾轉大後方，先後到了昆明、緬甸和印度等地，仍舊辦實業，以實業的成績支援前方抗戰。他們回應雲南實業家繆雲台開發大西南的號召，毅然南下，率先在昆明辦起了雲南絲廠。雲南這個地方由於靠近越南，又因為越南歷史上是法國的殖民地，雲南受其影響，因而法語較為通用。從沿海和北方去的人大都感到不很方便，但是芷英卻如魚得水，她的法文就有用武之地了。

有一次，他們的好友程太太突發急病，張芷英眼看情況危急，就冒雨跑到

一家距離不近的昆明唯一的一家法國醫院求救。那個醫院的醫生本是坐院門診而不出診的，但是醫生硬是被芷英流利的法語說服了，破例用自己的包車去程太太家診治，解除了一樁人命關天的危機。

1941年，周君梅受聘前往印度辦絲廠，生產降落傘供前方作戰的聯軍空軍使用。工廠設在MYSOR省的一個小城KOLLAGAL，那個地方過去一直是英屬的殖民地，生活很艱苦，氣候條件和生活習俗也與中國大異，張芷英毅然帶著四個孩子陪同丈夫前往。這時她的英語又發揮了出色的作用，使全家的日常生活和人際交往很快自如起來。

抗戰勝利之後，他們一家跟所有在戰時遷往內地的家庭一樣，高高興興地回到了南京。可是好景不長，不久內戰又席捲全國。隨著國民黨軍隊在長江以北的節節敗退，他們一家又面臨了逃難。張芷英先把四個子女送到美國讀書，自己與丈夫把在國內的一切安排好之後，才去美國與孩子們團聚。她於1975年在美國去世。她一生相夫教子，輾轉各地，是丈夫的賢內助，也是孩子們引以為自豪的母親。令她很感高興的是，兒子周世經成長為優秀的電腦工程師，1970年代中期發明了電腦中到現在還不能缺少的5.25英吋的FLOPPY DISK COMPUTER MEMORY。現在美國華盛頓國立SMITHSONIAN博物館的櫥窗裏，還展覽著他的標本。

現在，周君梅、張芷英夫婦的4個兒女都已成了爺爺奶奶，他們名下的第三代、第四代也「轉眼忽成行」了，有7個孫子、孫女；14個曾孫、曾孫女，儼然又一個大家庭了。註5

三小姐張芸英把宋子文晾在一邊

三小姐張芸英是位鋼琴音樂家，還是國際廣播電臺的翻譯和編輯，她一生從未離開過鋼琴，直到晚年仍舊每天彈鋼琴，還把兒子和孫子都培養成了鋼琴音樂家。

張芸英的父母原本都不乏藝術細胞。她的母親姚蕙是蘇州城裏的大家閨秀，能詩會畫，有很深的中國古典文學和美學根基。張靜江年青時受舅舅龐萊臣的影響，也很注重書房功夫，書法喜練行書，而且自成一格，人云與他那天馬行空的性格十分相符。

張芸英畢業於法國LORACE JULES FERRY小學，在美國就讀HORACE MANN中學，高中畢業時，已經能開鋼琴演奏音樂會了。1924年回上海後在中西女中補習中文，同時跟一位叫LAZAREV的白俄女教授繼續學鋼琴，是上海灘有名的才女。

說到她的音樂才能，他的弟弟張乃昌在回憶錄中寫道：「在暑期，我母

中學時代的張芸英（左）與好友紫君

張芸英、陳壽蔭夫婦與他們的大兒子
陳平。

親和幾個我同父異母的姐姐會到山上
（張靜江在莫干山上的別墅）來跟我住在
一起。母親有一架手搖的留聲機，我們
在晚上播放舞曲。我的三姐蘇珊（張芸
英）教給我許多舞步。她教給我華爾滋
的滑步，狐步舞，我也學會了探戈、查
爾斯頓舞等。那時我只有七歲。」

可惜，讓張芸英爆得大名的首先不
是她的鋼琴，而是她的戀愛史。

她是1924年從美國回國的輪船上
認識了留美成才的陳壽蔭的。那時陳壽
蔭剛從美國麻省理工學院工科畢業，西
裝革履，風流倜儻，一口英語講得非常
高雅，中文基礎也很好，會寫中國詩
詞。他見到身材苗條、衣著講究、氣質
高雅的張芸英，十分傾慕，就主動上前
打招呼、聊天，還寫詩相送。張芸英覺
得他很有才氣，談吐不凡，也願意與之
交往。兩個月的海上富有詩意的漂流生
活，給了他們充足的交流時間，竟然培
育出愛情的萌芽。陳壽蔭到上海後沒有
幹工程，而是選擇了他最喜愛的電影藝
術，當導演，這就更富有浪漫色彩，也

就更符合芸英的藝術理想。

可是其父張靜江不同意這門婚事，也許是門戶觀念在作怪，也許他認為文藝圈的人士不甚可靠，或許他對芸英特別寶貝，無論誰來求婚，他都不捨得嫁給他。北伐之前（1927年）張靜江在廣州，芸英從上海前去探望老爸，被宋子文一眼看中，追求甚為「緊張」。宋子文身為國舅，又出掌民國財政，張靜江還看不中他呢，遑論他人！

也許張芸英實在是太出眾了，在廣州惹得國舅亂了方寸，竟然有一次海邊游泳的時候，當著其他朋友的面，向張芸英贈送戒指，氣得張芸英拿過來就扔到了海裏，弄得國舅大大地失了面子，一時傳為大笑話。

宋子文追慕張芸英的消息很快傳到了上海，陳壽蔭這頭擺不平了，立馬發來一封電報促其趕快返滬，不然的話他就要自殺……還是芸英有辦法，她終於在父親的幫助下擺脫了宋子文，回到上海與陳壽蔭結婚了。張靜江雖不喜歡這個中國的第一代導演，但女兒喜歡，他鞭長莫及，毫無辦法，還「乖乖地」摸出了1萬元大洋，算是給女兒的嫁妝。

陳壽蔭回國後曾隨名導演從業，任職雷摩斯公司、大中華公司、新華公司、新人公司，以導演《人心》一片而贏得名聲，成為中國第一代導演，也算過了把導演癮。他膽大心細，勇於任事，對影片各個環節上的質量都要求很高，略有不合心意就作廢重拍，這樣就造成了大量廢片，拍片成本大大提高[註6]，久之招來合夥者的非議，弄得他也不高興，就撒手不幹了。後來他和芸英到了杭州，在杭州電廠當營業科科長。抗戰中日本人打到杭州時，國民政府撤退，他當代理經理。

日本人把電廠佔領了，他們就只好回到上海，住在衡山路上著名的華盛頓公寓（西湖公寓）305室。

這對藝術夫妻有兩個兒子，陳平和陳鵬，都繼承了父母的藝術細胞，喜歡音樂和美術。陳平後來成了音樂家，任人民音樂出版社的副總編；陳鵬是工藝美術家和美術教師，長期在北京汽車製造廠擔任工藝美術設計師。他是該廠主要的汽車外形和內部設施的設計人員，設計過上百種型號的汽車，大多都是特種型號和用途的汽車，有軍用汽車，首長用車，也有各類工業和礦山用車。有的汽車既能在平地上行駛，也能在地鐵的軌道上行駛。60年代國內滿街跑的212型吉普車的外形，就是出於他的設計。

40年代中期，他家原本小日子過得還挺安穩，誰知抗戰勝利以後竟出現了裂痕，主要是陳壽蔭與一位電影女明星過度交往引出了矛盾。張三小姐認為夫妻生活理應以愛情為基礎，如果愛已轉移，那麼這場婚姻的意義也就走到頭了，於是宣佈離婚。這是1946年的事情。

陳平、賀嘉善夫婦和他們的兒子陳一新。

第二年，她的大兒子陳平考取了清華大學。陳平非常憂慮母親的精神狀況，擔心如果母親繼續留在上海會得精神病，於是提議全家北上。用陳平的話來說就是：「離開這個盡出壞事的大上海！」當時陳平同時也考取了上海交大，本可以在上海念書的，但為了離開上海這個傷心之地，他寧可北上讀清華。

離開了丈夫，張芸英從此開始走向社會，找工作做，用自己的雙手來養家糊口。在北京，他們最初租住的是齊如山先生家的房子，很多年後單位裏才分到了房子。在最初的幾年裏，她沒有固定的收入，曾在北京女青年會、匯文中學、清華大學音樂室教授鋼琴，後來還在芭蕾舞團、芭蕾舞學校、民族歌舞團等單位擔任鋼琴伴奏。在家裏還收了不少入門弟子，何魯麗姐妹都曾是她的學生。何魯麗姐妹的母親是法國人，與張芸英是好朋友，如果在街上碰到，她們可以站在街頭用法語快樂地交談一兩個小時。後來到她家來學鋼琴的學生越來越多了，累計有數百人。現在北京鋼琴界許多知名人士如吳式鍇、吳式銓兄弟、戴予吾等，都曾跟她學過鋼琴。

1955年，她的生活出現了轉折，她的中學同學姚錦新（姚依林的姐姐）介紹她到中央人民廣播電臺國際部工作，從此一直幹到退休。她英語和法語都很自如，在播音緊急的時候，她可以拿著中文稿，流利地用英語讀出來。在廣播電臺工作的15年中，她的工作一直受到領導和同事們的讚揚。退休後她還輔導了不少學生進修英語和法語，其中有準備出國交流的知名醫生和工程師，也有準備出國留學的大學生，還有鄰里的小孩子們，她都熱心給予指導。

儘管工作很忙，但是下了班或是週末、週日，她只要一逮住空

閒，就一定泡在音樂裏。她的兒子說她，只要往鋼琴邊一坐，就什麼事情都可以拋到腦後了，簡直是「寵辱皆忘」，心情就像歡快的小鳥，所以彈出的樂符總是流暢、動聽的。

但是張芸英畢竟是在海外長大的張家小姐，海外細胞要多於中國細胞，初到北京，對社會上的事情經常是看不懂的。

她上市場買菜，有一次買了一塊肉，她發現是塊帶骨頭的肉，就問買肉的：「您這肉裏怎麼有骨頭呢？」那買肉的聽了很驚訝，回過神來後，像是對付一個小女孩似的對她說：「沒骨頭，這豬能走路嗎？」引得周圍的人都大笑起來。

張芸英沒詞了。她想，是呀，這肉裏面是應當有骨頭的，可是她記得在上海時，阿姨買回來的肉是沒有骨頭的。其實她沒弄明白，在國外和上海的市場上，如果你說是買「肉」，那的確買的就是「肉」，裏面是沒有骨頭的，因為上海的宰豬方法是按西方的方式宰殺的。如果要買帶骨頭的肉，那便是「排骨」或是「肋條」等。而北京那時還是按中式宰豬法，菜場的售貨員動輒把一條或半條整豬拎上來，往案板上一放，剁到哪里是哪里的。所以張芸英想對賣肉的提意見，反倒讓人家給堵回去了。

還有一次上裁縫鋪做衣服，她看裁縫拿出一張紙樣裁衣服，就說：「我人瘦，要裁得瘦一些，這個紙樣可能不合適我。」那裁縫鋪的人說：「我們這張紙樣傳了三代人了，人人合適，怎麼到您這兒就不合適了呢？」是呀，為什麼到我這兒就不合適了呢？是不是自己有什麼問題呢？沒有辦法，只好不做了吧。

諸如此類，張芸英都想不明白。但是在別人看來，張芸英也有

令人想不明白的地方。她對黨組織的堅信和在住房問題上的固執都讓人家感到奇怪。不要說一般人想不通，就連國家主席宋慶齡也大為迷惑！

當初在全國解放前夕，百萬大軍即將渡江的時候，她父親預感到情況不妙，從美國打電報來，叫她帶著孩子趕快到美國來，飛機票都為之買好了。她不去，她認為中國人這麼多，人家可以過，我也可以過。如果去美國，肯定要靠父親，但是她絲毫不想靠父親，而一心要自立。其父在美國去世後，後母朱逸民幾次寄錢來，她都向組織匯報了，在一次思想小結中，還表示要把這些錢上交給組織。[註7]

她跟她大姐一樣，與宋慶齡一直保持著私人交往。她們不大見面，但是常常通信。60年代初，宋慶齡住進了北京後海原先的醇親王府，她們通信更頻繁了。她們的信不是從郵局走的，而是由宋慶齡的保姆李玉娥來回傳遞。有一段時間她們每週一信。李玉娥手提一個小籃子，裏面放著信和一些好吃的食品，有時還有宋慶齡畫的畫。回去的時候就帶去張芸英寫給宋的信，或是她親手做的小點心。按說，你有宋慶齡這麼個大後臺，又是統戰對象，諸如工作問題，房子問題，兒子落實政策問題等等，什麼問題不好解決呀？在老百姓看來的難題，以她的身份，理應都是很容易解決的。但是她就是有「路」而不走，這就令人看不懂。

她住的房子，原先是借私人的，後來住在兒子家裏。只有當兒子下放，她沒地方住了的時候，才向組織提出了住房要求。這事被宋慶齡知道了，宋慶齡當然很著急，要求有關部門給予解決。宋一過問，事情就很快有了答覆，決定分配給她一套三居室住房。

這不是很好嗎？要叫別人，感謝還來不及呢。可是張芸英不要三間，只要兩間，堅持把另一間分配給其他同事，她願意跟人家合用灶間和衛生間。別人勸她不要犯傻，趕快拿下來。她不幹，堅持只要兩間。

宋慶齡幫人是幫到底的。知道有「兩間」之說，也來信勸她應當拿下三間。她回信說，兩間足夠了，不需要三間。宋慶齡又來信說，你只需付兩間的房租，另外一間的房租我來付好了。那也不行，我只需要兩間！多一間，不要！

後來，她真的是與別人合住了一套居室，直到她去世。

張三小姐，就是這麼一個純粹的人。

1998年，她在北京寓所安詳地離世，享年95歲。她的身邊，是伴了她一輩子的寶貝鋼琴。[註8]

張荔英嫁給大她30歲的陳友仁

四小姐張荔英（1906－1993）也是個很有個性的「俠女」。她是個畫家，很有才氣，還會騎馬打獵。1930年，她嫁給了比她大約30歲的陳友仁。

陳友仁是民國出名的傳奇人物，著名外交家、孫中山先生的英文秘書和外事顧問，早年在英國讀書，辛亥革命後回國。他在臨上船時申明說：「我是中國人！」遂撕掉了英國身份證及護照，隨手拋入大海。

他參加過凡爾賽和會，還參加過孫中山與蘇聯特使越飛、孫中山與蘇聯顧問鮑羅廷、宋慶齡與史達林等具有重要歷史意義的會談，曾

擔任武漢國民政府的外交部長和1931
年的南京國民政府的外交部長。他有
「鐵腕外交家」的美譽，在武漢任外
長期間，經過艱苦的鬥爭，一舉收復
了武漢和九江的英國租界，這在中國
現代史上是破天荒的大事情。中山先
生臨終時，他來到中山先生床前，筆
錄了總理遺囑。

　　他的原配妻子愛葛莎患癌症去世
4年後，他與張荔英在巴黎結婚了。
他們一個是外交英雄，一個是豪門才
女，兩人的年齡雖然相差很大，但他
們相親相知相愛，有共同的志向和品
性。註9

張荔英與陳友仁

　　關於他們的婚事，外界有許多傳
說，誤傳是宋慶齡為之介紹的，其實
不然。陳友仁在給女兒的信中解釋了
這件事：「我剛從諾曼第度蜜月回到
巴黎，看到你8月份的來信。是的，
我結婚了。但是你從報紙上所引述的
報導有許多地方不正確。孫夫人並未
『安排』我的婚姻，因為喬吉特（張
荔英）和我都不是喜歡這種辦事方式

的人。1928年我第一次去巴黎時，孫夫人寫了一封信把我介紹給她，自那以後，我們就著手自己的準備。我們的婚姻是以愛情為基礎的婚姻，因而自然沒有政治上的考慮在內……」註10

張荔英嫁給陳友仁時，陳的政治生涯的巔峰期已經過去，正過著非常艱難的流亡生活。蔣介石「四一二」大屠殺之後，他是個非常強硬的反蔣鬥士，曾期待史達林能出來干預中國的政局，把蔣介石趕下臺，但史達林保持了沈默，他就只能流亡海外，直到1931年才返回上海，在國民政府任外長，可是他反蔣的立場並沒有改變，甚至參加了反蔣的福建人民政府。1933年11月，他與陳銘樞、李濟深一起遭到蔣介石的通緝，不得已，只好再次流亡海外。這期間張荔英給了丈夫最大的安慰，始終跟丈夫站在一起。抗戰爆發後陳友仁去香港從事抗日活動，香港淪陷後被日軍逮捕，並被強迫移居上海，軟禁於家中，於1944年病逝，享年66歲。上海各屆在靜安寺萬國殯儀館為他舉行了隆重的葬禮，外交界老人顏惠慶致悼詞，高度評價了他作為民主戰士的一生。當年5月23日，張荔英遵其遺囑，將其骨灰灑入大海。註11

當初對於荔英的這椿婚事，其老爸也是氣不打一處來的。雙方年齡相差甚遠且不說，陳在政治上的觀點與張靜江也大相徑庭。張靜江是蔣介石的「二哥」，在「清共」中是積極分子，而陳友仁則親蘇、親共，是反蔣派。荔英嫁其後，他多年都在流亡中，沒有一個安定的地方，這如何能討老丈人的歡心？然而張家註定是個出「奇人」的地方，張靜江被孫中山譽為「民國奇人」，張荔英女承父志，亦是個敢為天下所不敢為的傳奇女性，她不會嫁給一個平庸的人。她原本是抱獨身主義的，但這個主義被陳友仁的出現給打破了。

　　她當初還是盡可能地爭取老爸的支持的，她在給父親的一封信中說：「此次上書，有關女終身大事，頗望大人閱後亦樂意，而且賜以允可為盼。女自前年陽曆十月間，孫中山夫人來巴黎時，承彼介紹，得晤陳君友仁，於是因意見相合，結為朋友，時相過從，繼而由友誼轉為敬愛。彼即有與女結婚之意。初女以自幼所受教育與眾不同，擬終身不嫁，專心於美術，或可造成一身之幸福。本無更改之意。及至再三熟思，似原意尚屬不對。緣女雖萬難有意於平常之男子，然意出眾如陳君者，若有意敬愛一女子，其女子當以為榮也。陳君之性情、才學，作為男子中之特色，可無疑義。其於中國外交，對世界之工作，亦良可稱述之。至於陳君別種長處，不勝枚舉，女為美術學徒，而何為真美術，深知選擇之故，決意將從前終身不嫁之意取消……務祈大人見信後速賜複音，以成全女終身美事，不勝盼甚，禱甚。」註12

　　陳友仁也有一信同時寄出，信中除了表白他與荔英之間的愛慕之情，還很

張荔英在作畫

識相地匯報了關於他去莫斯科的事情，以及關於對於「赤化」問題的大致看法，這些都說明他是一個光明磊落的人，不回避矛盾的。無論如何，這對新人的婚事是轟動了巴黎的，當地很多報紙都作了報導。

張荔英在20年代初還為她的家族作了一件很重要的事情，即護送她母親的靈柩回到南潯老家。姚蕙不幸去世後，張靜江非常悲痛，花巨資買下一口水晶棺材，並親自安排將其靈柩運回南潯張家祠堂。這個任務就交給了張荔英，她一路上陪同母親的靈柩飄洋過海，一直到在張家祠堂裏安放停當為止。註13

可惜這口水晶棺材的命運也不好，在抗戰中被偽軍劫走，不知去向，姚氏夫人的屍骨從此也不知去向了。

張荔英為陳友仁畫的肖像畫，現存新加坡國家美術館。

　　張荔英在解放前夕離開中國大陸，1954年定居新加坡，在新加坡南洋美術學院教授美術，在該校任職達27年，為新加坡培養了大量美術人才。這期間她始終沒有停止美術創作，不斷地開畫展，被視為新加坡的先驅美術家。她的大量繪畫作品晚年大都捐獻給了新加坡國家美術館。一部分被拍賣，所得資金設立了張荔英美術教育基金會，幫助那些家境貧寒的學生完成學業。當地美術界還認為，她是第一個把法國印象派繪畫藝術引進亞洲的人，因此受到廣泛的尊敬。

　　現在新加坡國家美術館用一間不小的展廳來專門展示她的作品，其中有她本人和陳友仁的肖像畫，以及靜物、花卉寫生，還陳列了一小部分她的遺物。

　　這個美術館對她有這樣的文字介紹：

　　被譽為新加坡六大先驅畫家之一的張荔英，是富有獻身精神的畫家、教師與指導者，在新加坡現代美術早期發展階段發揮了巨大影響。她1954年定居新加坡，任教於南洋美術專科學校達27年之久，直至1981年退休。從不吝惜分享個人經驗的她，憑著對生活和人的熱愛，以無限激情描繪身邊景物，並透過敏銳的觀察力，生動逼真地捕捉景象的特徵與人物的神韻。據說她曾表示，自己並不專攻某種題材，因為她認為不管是畫『一張臉、一顆豆子或是大海，（當中所涉及的原理）都是相同的，她無法抗拒畫盡一切的強烈願望。』……張荔英以油畫為主要創作媒介，她的技法被稱為法國式的，也被說成是中國式的。據說她一開始就想以西方人看得懂的方式描繪中國以及中國人的生

活。她的畫作有強烈的塞尚式後印象派風格的影子（特別是她早期作品），又有梵谷式的畫家格調與色彩。在畫法上，不管畫的是人物、風景或靜物擺設，她一律注重傳神，通過色彩和線條的表現力強調傳統手法。雖然她畫過肖像、靜物和風景畫，這次展覽只選擇展出她的自畫像、其夫婿陳友仁的肖像、以及一些靜物畫，藉此反映其藝術風采。通過這些作品，我們認識到張荔英基本是位描繪本地題材的南洋派畫家，她總在有意無意間通過這些題材的圖像，表現、倡導對本區域的一種認同。註14

不僅如此，這個美術館在組織關於西方美術思想對新加坡美術界的影響，以及「南洋風」逐漸形成的討論時，有多篇論文都提到了張荔英的作用。專家們談到：「林學大校長力邀前中國國民政府外交家夫人張荔英女士在美專任教。張荔英老師生長在法國，畢業於巴黎國立高等美術學院。在南洋美專期間，張老師教學認真，是一位不可多得的良師。註15「張荔英曾在法國、中國和美國接受美術教育，早期的作品受到寫實主義和巴比仲畫派的影響，中期的作品具有後期印象派和野獸派的特性。她在西畫中融入了中國繪畫六法之首要的『氣韻生動』，並於五十年代，將這種中西合璧的繪畫技巧和思想帶入了新馬，之後他又受到南洋熱帶氣候和風土人情的影響。晚期作品除了具有中西繪畫的精神外，還處處流露了南洋的氣候、地理和文化等特色。張荔英的畫面上曲動玲瓏的筆觸和線條，正是畫家靈活逸趣之性格的表露。在其色調、形體、筆觸和線條中帶有某種的象徵性和使命感，這應是動盪時代精神的呈現。張荔英是當時新加坡最具有影響力

之一的女畫家。」註16

在南洋美術學院紀念校慶65周年的時候（2003年），也沒有忘記這位給新加坡美術界帶來福音的先驅者。從該校記錄的資料裏還可以明白，張荔英在該校不僅僅是教書，還參與了許多行政管理工作。後來學校幾次遇到辦學經費方面的困難，張荔英總是與校友一起把自己的作品拿出來義賣，在關鍵時刻為學校的建設立下汗馬功勞。

這樣一位忠實於藝術、品格純正、性格外柔內剛的藝術家，受到人們的尊敬是必然的。如今人們走進新加坡國家美術館那棟漂亮的洋樓，第一間展室就是她的作品展覽專室。

五小姐張菁英的時裝照

五小姐張菁英是位服裝設計師

五小姐張菁英，在抗戰勝利後嫁給了國民政府的衛生部長林可勝。對於這樁婚事，大概她老爸也不會太情願的，因為林可勝原先結過婚的，只是夫人去世，才又續娶了張家小姐。

五小姐張菁英與父母

張石銘家族

菁英在姚氏所生的女兒中最小，當然也是父親的心肝寶貝。抗戰前她在上海時，喜歡一個人開了汽車到處跑，一個月所耗的汽油費常常在百元以上，均由帳房付給。那時候一個銀行經理的月薪也不過才300元，五小姐的花費的確大了些。張靜江知道後關照帳房，不許她這樣揮霍，每月用項要限制在200元之內，包括汽油費。帳房先生請他直接告訴菁英，但張靜江不肯，堅持一定要帳房去當「難人」。菁英聽了當然不高興，但張靜江見了女兒依舊談笑風生，絕不提汽油和「限價」問題。他在女兒面前似乎有意要保持一個「好爸爸」的形象。

張菁英在1938年抗戰時，與父親、後母及弟弟妹妹一起輾轉瑞士、美國，抗戰勝利之後其父沒能回滬，而她回來了。她大概還是小姐中膽子最大的一個，勝利後她常和中外飛行員們在一起，於是就跟他們學開飛機，居然真的把直升飛機開上天了，在朋友中刮起一陣小小的風暴。

　　林可勝是著名的病理學專家，1897年生於新加坡，英國愛丁堡大學的留學生，獲得了哲學和科學的博士學位。他是中國生理學會的創辦人，兼任《生理學雜誌》主編，1948年擔任國防醫院院長、衛生部部長、中國紅十字會會長、中央研究院院士，1949年赴美講學，後來一直在美國一些大學裏教書和做研究工作。

　　張菁英沒有去享部長太太的清福，而是選擇了獨立自主的人生道路。她的正式職業是服裝設計師，曾在現在的錦江飯店靠路邊的「炮臺樓」上開服裝設計和裁縫店，店名叫錦霓服裝社。她設計的衣服有明顯的特點，是以紅、黑、綠三種顏色為基色的，而且以職業女裝為大宗，還曾經以「金枝綠葉」為主題，在錦江飯店舉辦過時裝表演，也曾轟動一時。1949年後她和丈夫去了美國，於2005年去世，享年95歲，身後留下一部厚厚的用英文撰寫的回憶錄。

後5朵金花的海外生涯

　　張靜江的繼配夫人朱逸民生了7個孩子，其中5個是女孩，於是就有了後5朵金花之稱。這5朵金花也各有各的故事。

　　乃琪是張靜江和朱逸民的大女兒。她一直都是一位大姐，她在家中起著母親助手的作用。小時候，如果有哪個弟妹生病了，不能上桌來吃飯，她就得去喂他們、照顧他們睡下。以至於弟妹們都尊其為「老大」，凡事都很自然地跟她商量。她1936年離開中國，到瑞士日內瓦的國際學校讀書。她待人熱心而友善，很快在學校裏交了很多好朋友。有一位很有名的同學很喜歡她，他就是泰國王子的兄弟，他

們在學校裏總是出入成雙。1939年，他們全家離開歐洲去了紐約，她於是轉到紐約郊外一個離家很近的學校Harace Mann讀高中。大學時代，她在Russell Sage學院學習護理並獲得學位，成為一位註冊護士。畢業後不久她就和俞時中結婚，並回到中國參加了中國醫藥中心的工作。兩年以後，她帶著她才兩歲的兒子David回到美國。之後，她在Florence林的協助下寫了幾本有關烹飪的書。其實她本人就是一本了不起的書。她母親故世後，她成為大家庭的凝聚核心，數十年來，一直都在熱心地聯絡和關照著張家的親人，始終沒有間斷過組織家族的傳統聚會，直到2002年在美國去世。

二小姐叫乃恒。她待字閨中，終身未嫁。她是一位有才華的藝術家，擅長繪畫，也很喜歡做中國菜。她一直跟她母親生活在一起。2004年，她在久病之後不幸去世。

乃理是三女兒，她是心理學學士，並在丹佛大學獲得了血液學的碩士學位。在丹佛，她遇到了Paul Smith，婚後他們搬到了新墨西哥州的首府聖達菲，因為她的丈夫在那裏有航空生意，而她則成為了一名房地產經紀人。Smith先生去世後，乃理在房地產業仍舊相當活躍，儘管現在她已經80高齡了。她在很小的時候曾過繼給他父親的好朋友、同鄉朱家驊（湖州人，曾任浙江省政府主席），直到17歲才回到親生父母身邊。

四小姐乃琛是學化學的，她曾就讀於Elmira學院和密西根大學，又在Sloan Kettering癌症研究所工作了很多年。

五小姐張乃珣（小名咪咪）是朱逸民夫人的小女兒。她上過羅德島設計學校，教過書，結婚後也成了房地產經紀人，在康乃狄克州的格

林威治鎮有自己的事務所。20年後，
她業績出眾，搬到聖達菲和姐姐張乃理
的公司合併。退休後她也不閒著，在三
藩市開了一家烤鴨店，是三藩市唯一的
一家烤鴨店。經她調製的烤鴨由於配方
獨特，味道醇美，所以生意非常興隆。
由於家庭的影響，她們姐妹的廚藝都不
錯，若碰上遠方的親朋好友來，她常會
親自下廚掌勺。著名作家、美國多本
中國菜烹飪書的作者Florence林曾經說
過：在她吃過的北京烤鴨中，乃珣做的
是色香味最佳者。

張乃理（後排左三）與兄弟姐妹

張乃理歷盡艱辛才到家

張家孩子眾多，前後共有12個孩
子，而張靜江的老朋友朱家驊卻1個孩
子也沒有。出於對天倫之樂的渴望，朱
家驊向張靜江提出，能否過繼給他一個
孩子，他定會視之為掌上明珠。於是有
一天，張乃理成了朱家的孩子，取名朱
國英。

她來到南京，和她的養父母住在一

起，開始時日子過得很平靜，誰知後來養父母離婚了，養父把一個情婦領進家門，而乃理並不喜歡這個女人。當抗戰爆發，南京政府向中國內地撤退時，張乃理沒有跟養父一起走，而是選擇了留在南京。但是她在南京又與養父的情婦處不好，於是決定離開這個家庭。她給當時已在香港的生身父母寫了一封信，表達了自己想回到他們身邊的願望。那正是1938年夏天，整個中國都在戰爭的恐怖之中，交通和郵政完全混亂了。她沒有收到父母的回信，但是她的父母還是知道了她的情況，因為朱家驊先生也向他們轉達了乃理的這一願望。

張靜江瞭解到這一情況後非常著急，託人找到了Percy陳（陳友仁和他元配妻子的兒子）。因為Percy陳當時正準備去重慶，所以張靜江希望他把乃理一起帶走。經過漫長而混亂的旅途之後，他們終於到達了四川，張乃理見到了她的養父。她後來被送到成都郊區，在內遷到那裏的金陵女大讀書，與張靜江的大外孫女周孟慈在同一個學校。

張乃琪、俞時中夫婦

幾年後，她的父母還是不放心她的處境，決定把她帶到美國。當時重慶正值戰亂，只有最顯貴的政府要員才有從中國內陸飛往國外的特權。在這種情況下，張靜江只好直接向蔣介石求援。1942年早春的一天，兩個陌生人出現在朱家驊先生在重慶的寓所。他們自稱是政府特使，要將張乃理護送到一個遙遠的地方。乃理跟著他們輾轉跋涉，總算到了昆明。一路上，他們無時無刻不在緊盯著乃理。在昆明，他們計畫搭乘當時往中國境內運送戰略物資返回印度的航班，因為隨著日本向緬甸的軍事推進，緬甸公路已經不能走了。他們先後做了三次努力，終於在第三次時乘上了飛機，抵達孟買。飛機在飛越喜馬拉雅山時，飛機的兩翼漸漸結了冰。戲劇性的是：飛行員想冒險帶冰繼續飛行，而兩位「特使」則以乃理在飛機上為由，堅持要求飛機返回基地。張乃理激烈地反對折返，但是她說了不算。

當他們最終抵達印度的時候，兩位「特使」又得到他們上級的指令，因為擔心日本人的海上襲擊，必須為乃理定一張美國輪船公司開往美國的船票。美國的輪船在孟買和加爾各答兩個港口都可以登船，但是由於買票的人太多，他們不得不來回奔波。在她第三次去孟買時，才終於登上了美國總統輪船公司駛往三藩市的輪船。當她安全上船以後，兩位「特使」就悄然離開了。在與他們相處的好幾個月的時間裏，兩位「特使」始終沒有透露他們的姓名，所以張乃理至今也不知道這兩個人是誰。

在三藩市，張乃理期待著，希望在前往紐約旅程的最後一段，可以乘上豪華的州際列車——著名的追風號，結果不僅未能如願，而且火車在路上又遇上了麻煩——火車在Nebraska遭遇了嚴重的暴風雪，

中途耽擱了四天時間。她焦急的家人幾次長途跋涉，從紐約郊區趕到中央火車站去接她，卻只聽到暴風雪繼續肆虐的消息。

當她的母親和哥哥第四次去火車站接她時，他們終於團圓了。那時的張乃理已是17歲的少女了。[註17]

平平淡淡中的真誠生活

◎往事仍在眼前◎

張乃琛：當我回憶往事時我已經七十多歲了……我的一天從餵養寵物：我的兩隻小貓Gigi和Steling開始，還有一群小雞，會應聲過來啄食。坐在電腦旁寫作，看著新草覆蓋、滿目春花的花園，我的心裏非常滿足。

記得小時候在中國，我們總是在躲避日本人的轟炸，長時間在避難中……在內地某個城市的地下室裏，到了晚上，屋裏沒有燈，黑色的天幕上滿是煙火一樣的曳光彈。父親說：「不許出

張乃琛、Heny Yuny夫婦

聲」。我們可以聽見遠處不斷傳來的炮彈聲，我和弟妹們躲在桌子底下，害怕極了。

後來我們一家大小十五個人乘一架小飛機從中國內地飛到了香港，擠在一間小公寓裏。我被送進了羅馬天主教學校。我不會說英文，也不會說廣東話，不明白我為什麼要在那裏。修女們罰我坐在角落裏，我哭了整整一個星期，他們只好把我送回了家。我很開心她們把我趕出去。幾天、幾個禮拜或者是幾個月以後——小孩子的時間概念不強，我們登上了一艘大蒸汽船，就是SS Aramis號，和母親及其他一些人揮別。他們也在碼頭向我們招手。我不知道當時我們為什麼要乘船，有人告訴我們只是一次小小的海港旅行。我完全不知道要到一年以後我才與母親重逢。直到現在，我還保存有母親寫給我的信。蒸汽船的煙囪裏噴出滾滾濃煙，就這樣，兩個大人護送著我和弟弟乃雄，以及兩個表兄南琛和澤連一起去瑞士，入讀那裏由國聯舉辦的國際學校。我的姐姐乃琪已經在那裏了。我在學校住讀，老師很和藹，同學們也很友善。我學習說法語，還畫了很多的畫兒。一年後，一家人才在日內瓦團聚。

後來我們再次乘上SS曼哈頓號，前往紐約。

這一次我要學習的語言是英語。我讀的是Fieldstone學校，是一所很棒的學校，我在那裏努力地學習藝術和自然科學。後來我在密西根大學主修化學，也選了很多藝術類的課程。

1952年大學畢業後，我先在紐約Sloan Kettering癌症研究所謀到一個職位，和研究所主任一起研究藥用化學，同時還讀了研究生課程。1952~1966年間，寫了不少藥用化學方面的論文，研究關於綜合

化療的製劑問題，以期推動對癌症化療的突破。那是一個成果收穫的時期。

我與土木工程師Henry Yung的婚姻很美滿。我們住在紐約，也沒有間斷藝術學習，包括學畫中國畫。1956年6月，我們的兒子Henry Liang Yung出生了，我於是暫時辭去了工作。看著兒子初露笑容、蹣跚學步、呀呀學語，一天天慢慢地長大，那是多麼幸福的時光！

1978年兒子研究生畢業以後，我們決定搬到緬因州的Penobscot小鎮去，過一種簡單的生活。我們自己種糧食，養了35隻羊，我學會了幫母羊接生，照料大羊和羊羔的健康、割草……那是一段非常美妙的時光，學到了很多東西，雖然勞作很辛苦，心靈上卻異常寧靜。我畫了很多畫兒，辦了不少畫展。因為畫得多，還賣掉了一些。

1999年，我開始將大量的時間用於繪畫，享受一種輕鬆的藝術生活。現在我在一所大學的藝術博物館裏做做義工，有時也去遠方旅行。四年前，我回到了上海和杭州，見到了許多我從未見過的堂表兄妹，參觀了我們過去的老房子。看到新上海和新杭州，並與自己的大家族團聚，那真是一次絕妙的經歷。註18

【註釋】

註1：《漂逝的風景》，顧音海，浙江攝影出版社，2003年

註2：《我做了七年蔣介石夫人》，陳潔如，團結出版社，2002年

註3：〈張靜江家的三小姐〉，（載《思齊閣憶舊》）賀寶善，三聯書店，2005年

註4：宋路霞採訪筆記：2005年9月2日採訪張蕊英的大女兒瞿明明

註5：《張靜江的二女兒張芷英》（手稿本），周孟慈，2006年春

註6：《滬濱閒影》，羅蘇文，上海辭書出版社，2004年

註7：〈我的履歷〉（影印件），張芸英（由陳平先生提供）

註8：宋路霞採訪筆記：2004年12月14日採訪張芸英的大兒子陳平

註9：《陳友仁傳》，錢玉莉，河北人民出版社，1999年

註10：同上

註11：同上

註12：〈張荔英寫給父親張靜江的信〉錄自南潯張靜江故居陳列館

註13：《讀「絲」隨筆》，張乃鳳，知識產權出版社，2005年

註14：《我們時代的藝術》，新加坡國家美術館印行，2005年

註15：〈南洋美術專科學校──巴黎國立高等美術學院〉，（載《Pont des Arts Nanyang Artists in Paris 1925-1970》）楊可均，新加坡美術館印，1994年

註16：《留法南洋藝術家之藝術創作總呈現》，冀靜儀（同上）

註17：張南琛採訪筆記：2006年春電話採訪張乃理

註18：《我的生活》（稿本），張乃琛，2006年

百歲老人比誰都精神

　　2003年3月的最後一天，北京友誼賓館貴賓樓大宴會廳裏像過節一樣喜氣洋洋。主席臺上豎著一個巨大的金色「壽」字，臺上台下擺滿了鮮花和花籃，原來是一場別開生面的祝壽會，中國農業科學院在為我國著名土壤肥料學家張乃鳳先生慶祝百年華誕。這位老壽星就是張家老二房的老四張墨耕的大兒子張乃鳳先生，他是我國年紀最大的科學家之一。

　　到會參加祝壽的都是中國農業科研系統和民主黨派、統戰系統的大牌明星，有國家農業科學院院長、黨委書記、中國農工民主黨中央副主席、中共中央統戰部副局長、中國農工民主黨北京市委副主任，還有幾位兩院院士，以及農科院、農業部、中國農學會、中國農大、華中農大等單位的領導、專家、和張老的親友，大凡農業科學系統的重

百歲教授張乃鳳

張石銘家族

靜江家族

賀張乃鳳先生百歲華誕

量級人物都到了，共計170人參加了祝壽活動。註1

　　實事求是地說，一般這種會議，常常是開得非常程式化的，參加的人員也多半是趕來捧場，顯得有些慵懶的。當老壽星的，雖然德高望重，但畢竟年歲不饒人，坐在椅子上，左右都由人照顧著，有的還坐在輪椅上，顯得滿足而乏力……

　　但是這個祝壽會卻令人耳目一新，瞠目結舌，不僅臺上台下發自肺腑，熱情洋溢，而且老壽星比誰都精神——根本不需要別人攙扶，不需要任何照顧，走路比別人還輕巧，別人的發言一般僅5分鐘、10分鐘，而且都拿著稿紙，照本宣科；而老壽星則不然，挺直了身板手握話筒，一口氣講了20分鐘。他一生講究務實，這次發言也並不全是客套，而是大談我國農業科學當前面臨的形勢與挑戰，當前需要抓緊解決的實際問題，農業科研人員的歷史重任……簡直就是替院長在作報告，而且並不拿發言稿！

這就不能不令人驚奇，這位百歲老人，早就到了在家喝茶養老的年紀，竟活得如此精神抖擻，什麼道理呢？

與眾不同的讀書生活

張乃鳳1904年出生在南潯張家祖宅尊得堂第三進住宅樓的東廂房，他從小生活在高牆深院之中，但生活一點也不封閉。他的家族在他出生之前，就為他準備好了足夠的海派氣息——伯父張靜江在他出生前兩年就已經到法國做生意；叔父張久香是美國麻省理工學院的碩士生；大伯父張弁群和父親張墨耕年輕的時候都曾留學歐洲⋯⋯家中不斷有海外歸客，不斷有海外資訊，新鮮事和新鮮玩意兒不斷地改變著生活，這都使年幼的張乃鳳覺得，巴黎、倫敦、紐約⋯⋯都離家不是很遠。

他5歲的時候，已是辛亥革命前夕，晚清政府為了自保，在各地大抓革命黨人。適逢他的父親張墨耕從英國回來，頭上沒有辮子，生怕被別人誤認為

大學時代的張乃鳳

張石銘家族

靜江

革命黨，於是帶全家移居上海的租界內，住在靠近外灘的一條弄堂裏，就是他二伯父張靜江創辦的通運公司上海總部。後來住在跑馬場（現人民廣場）附近，即國際飯店後面的一條弄堂，叫福興里。當時張弁群等都住在那裏，並以樂群俱樂部為掩護，從事革命活動。

他父親張墨耕在黃金地段──南京路西藏路口開了一家匯通公司，兼賣進口呢絨，還為顧客代做西裝。那段日子有5年時間，生意雖不錯，但是日子過得並不愉快，主要因為他的母親高如芸的健康出了問題，患了乳腺癌。其父想盡一切辦法為妻子治病，甚至三上手術臺。但是情況沒有好轉。在張乃鳳10歲的時候，母親永遠離開了他。

父親悲痛極了，不願在上海再呆下去，寧肯關掉公司回老家。那時，張家在上海已有很多產業，張乃鳳的祖父張寶善也從南潯移居上海常德路。而張墨耕，喪妻之痛令他心灰意懶，還是帶著兒子回老家了。張乃鳳和弟弟與張家其他子弟一樣，當時沒有進學堂念書，而

張乃鳳的父母張墨耕、高如芸

是繼續由家庭教師輔導，英語則由父親親自教。

大約在1922年春，浙江與江蘇的軍閥為搶奪地盤將展開摩擦（1924年終於爆發齊盧之戰，結果江蘇的齊燮元打敗了浙江的盧永祥），南潯正處在兩省交界處，形勢漸趨緊張，於是他們趕緊又搬到上海。到上海後，18歲的張乃鳳準備報考正規學校，可是他在南潯讀的全是私塾，沒學過數學，不能應考，恰好這時他的六叔張久香從美國留學回來，已經是麻省理工大學化學碩士了，就擔任了他的數學教師，每天晚上來他家為他補習數學。張乃鳳天資聰穎，人又勤奮，人家要讀六年的數學功課，他一年全部幹掉了。

1923年夏天他考入了上海青年會中學，第二年進入大同中學的中學部，接著又考入了聖約翰中學，1926年聖約翰中學畢業後，順利考入聖約翰大學。

可是他的讀書生活總是有許多不確定的因素，剛進入聖約翰不久，北伐軍又在打仗了，而且很快進軍上海。聖約翰是所教會學校，面臨中國政權更替，不知所措，乾脆宣佈停辦，但是學生可以轉學，可以轉入美國相關的學校，於是張乃鳳就轉到美國康乃爾大學農學院繼續讀書。1930年畢業後，又去美國威斯康辛大學讀研究生院。1931年，他在該校獲土壤肥料學碩士學位後，啟程回國。註2

我國肥料科學的奠基人

張乃鳳回國後先被南京金陵大學農學院聘為副教授，講授土壤學和肥料學，兩年後晉升為教授，當時才27歲。

張乃鳳在田間指導科技人員

1935年，他獲得了一個在全國調查研究土壤中最需要的氮磷鉀中那個營養元的科研任務和經費，毅然辭掉了金陵大學的教授職位，寧可到實業部下屬的中央農業實驗所，當個技正和土壤肥料系主任，潛心從事土壤肥料的研究工作。同年，他還赴歐洲參加了在英國牛津召開的第三屆國際土壤學大會，在會上宣讀了〈中國古代土壤分類〉一文，介紹了肥料試驗的途徑。會後，他在英國洛桑試驗站短期學習了肥料試驗統計，又去匈牙利理工學院學習了陽離子交換分析，訪問了一些歐洲國家的土壤肥料研究機構，前後歷時半年多，積累了研究工作的實力。

張乃鳳立志要用國外的先進科學技術，推動我國土壤肥料事業的發展。經過幾年的調查研究，他感到，充分掌握我國土壤肥力狀況和施肥效益的現狀刻不容緩，認為「要幫助農家利用適當肥料以增加產量，必須知道各種土壤和各種作物在農家耕種狀況之下，肥料中所最缺少的是什麼。」

他看到一個基本的現實，中國幅員遼闊，各地的土壤土質差異很大，對不同種類的肥料的需求差異也很大。而要解決這些問題，首先要摸清國土肥力資源的家底，瞭解各種化肥在實際運用中的實效和問題。不瞭解現實中的情況，盲目地生產化肥，生產得再多也無法對症下藥，解決不了問題。

根據他的研究，他設計了由氮磷鉀的3個元素搭配成8個處理、4次重複、共有32個小區的複因子隨機區組的試驗模式，在全國推廣，這是個最新式的、效率最高的研究方法，在當時的全國農科界是個破天荒的創舉。為此，他帶領他的助手，常年工作在農村第一線，不畏艱苦，堅忍不拔，作出了前所未有的成績。然而要在全國範圍內開展這項艱苦的研究，所需要的科研經費不是平時的研究經費能夠奏效的。於是他找到了當時南京永利化學公司總經理、著名實業家范旭東先生，暢談對研究全國土壤肥料問題的設想，得到范旭東先生的重視和支持。

1935－1940年，在張乃鳳的倡導和帶領下，我國首次以全新的科學方式進行了全國地力測定和化肥效益試驗，在江蘇、安徽、山東、河北、山西、河南、陝西、湖南、江西等省，進行了氮、磷、鉀三要素的田間肥效試驗。范旭東先生每年出資1萬元，資助這項研究。

張乃鳳親自到各試驗點指導並親自操作，他跑了14個省，68個試驗點，親自參加的試驗就有168個，試驗的農作物有小麥、水稻、油菜、棉花、玉米、穀子、甘薯、大麥9種，表現了其優良的科研作風和大家風範。經過嚴謹的測定和科學實驗，基本摸清了國土資源中土壤肥力的狀況，得出了「無論在那一省，氮素養分一般極為缺乏；磷

素養分僅在長江流域和長江以南表示缺乏。鉀素在土壤中俱較豐富。」的科學論斷。這是我國在土壤研究上的一項開創性的工作，對我國化肥的生產和使用，產生了深遠的影響。

1939年，他還還在成都開辦了全國田間肥料試驗暑期講習會。

1944年，抗戰勝利在即，他身負一個重要的使命第三次出國——協助聯合國善後救濟總署，編製中國戰後善後救濟用化肥計畫，並考察了美國許多肥料研究機構。抗戰勝利後，他在農林部農業復員委員會上海辦事處工作，辦公室就在九江路美國花旗銀行四樓，他繼續擔任中農所土壤肥料系主任職務，負責善後救濟用化肥的接收和分配，為恢復和發展飽受戰爭創傷的中國農業，付出了艱苦的努力。註3

1960年全家福

不管風吹浪打　我自埋頭工作

自然，張乃鳳的正義感和科學、務實的工作作風在農林部是有目共睹的。

無論何種政治勢力都很明白，他是中國這個農業大國不可缺少的人才。

解放前夕，解放軍大舉南下的時候，隨著國民黨軍隊在北方戰場的節節敗退，南京政府的各部門也急忙準備走人，這時候，所有機關幹部都面臨一個去與留的問題。當時中共地下黨在農林部的活動也是爭分奪秒，他們動員張乃鳳留下來，為新中國服務。

張乃鳳在實驗室工作

張乃鳳的同學馬保之（農林部農事司司長）在上海解放前三天的下午，對張乃鳳說：「我明天要去臺灣。」張乃鳳說：「好吧，我不去。」他決定留下來，因為他覺得，自己工作的意義不是要在哪裡當官，而是要解決廣大農村最需要的肥料問題，改變貧瘠的土地的肥力問題，這是解決中國老百姓口糧問題的大事情，工作的重點應當是在大陸，何況經過這些年的努力，什麼地區、什麼農作物需要什麼肥，自己已經做了多年的調查和實驗，積累了大量資料，只要列入規劃，有一定資金投入，大面積地提高農作物產量的目標是不難實現

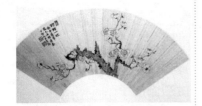

張乃鳳出國留學前，他的舅公龐萊臣送
他的扇面。

102歲的張乃鳳與兒子張寧（右）

的。在這個時候離開大陸，這個損失就不是個人的，而是國家的了。所以，他毅然留了下來。

1949年5月下旬上海解放，到舊農林部農業復員委員會上海辦事處來接收的，竟是過去經常見面的何康，何康對大家非但沒有訓話，反而把上海辦事處的職員全部接受下來，作為即將成立的華東農林水利部的基本隊伍。後來華東農林水利部成立了，何康任副部長。

其實，不管誰來當部長，張乃鳳都是一樣盡自己的力量工作。1949年他任華東農林水利部技正，第二年春天調中央農業部工作，1951年又調華北農業科學研究所，任華北農業科學研究所研究員，1957年任中國農業科學院土壤肥料研究所研究員、副所長。想必何康也是個識貨、愛才的領導，他不會讓這個名牌大學出來的科研好手輕閒著。

解放初的十來年日子還算好過，儘管有三反五反、整風反右、四清等政治運動，他只管少說話，多做事，還常常下基層蹲點，與群眾打成一片，總算那

時的群眾和黨組織還有良心，沒給他戴什麼「帽子」。他曾兩次參加我國科學技術長遠規劃的制訂工作，還參加了中國訪問蘇聯科學技術代表團，與蘇聯同行座談「提高農作物單位產量」中，有關水土保持等問題。

1957年，中央農業部決定組織全國化肥試驗網，並責成張乃鳳這個老法師，負責具體設計和組織實施。他帶領科研人員，一做又是四年，在25個省市，157個試驗點上，進行了第二次全國規模的化肥試驗。這次研究的結果表明，在30年代第一次地力測定20年後，我國土壤普遍缺氮，仍然是農作物生產的第一限制因素；磷肥曾產效果在南方稻區已經十分明顯，在北方也已經顯效，而多數情況下，鉀肥增產不顯著。50年代末期，他還開展了微量元素的應用研究。他是一個永遠忙不完、閒不住的人。

可是到了十年浩劫時期，全國都像患了瘋狂症似的黑白顛倒的時候，他也大難臨頭了。這也難怪，農業部連最高領導都被打倒了，作為解放前留下來的舊職員張乃鳳，還能逃得了嗎？何況你還是國民黨元老張靜江的侄子呢，除了「反動學術權威」的帽子外，還有一頂「洋奴才」的「桂冠」。自然，抄家、批鬥、下放、勞動改造……都是起碼的了。

二十世紀70年代一個夏天，他被派到河南一個「五七幹校」，有一段時間被派去養羊，當羊倌。事先造反派對當地的一個老農老李說：「明天要來一個反動傢伙，勞動改造，你要好好管制他！」第二天，張乃鳳到了，那個老農一看，這個「反動分子」竟是個瘦得像個竹竿似的小老頭，光著膀子，頭戴草帽，跟農民也差不多。時間長了

人們明白了，張乃鳳是農業科學家，對農村的一切都很在行，並不是五穀不分的書呆子。有一天在放羊的時候，有一頭母羊產下一頭小羊羔，羊倌老李叫張乃鳳把小羊羔送回羊圈，張乃鳳毫不猶豫地伸手抓住了小羊又滑又腥的兩支後腳，抱起來走了十多分鐘走到羊圈。老李這才對他另眼相看。後來那個老李也被感動了，情不自禁地對張乃鳳說：「他們說你是一個資產階級知識份子，我以為一定是個頭戴禮帽和黑眼鏡，腳登洋鞋的傢伙，現在知道了，根本不是這樣的。」[註4]

「文革」後期，他隨研究所下放到山東德州，那時他年事已高，但仍堅持科學研究。經過觀察，他發現當地土壤中缺鋅，很可能就是導致限制增產的重要原因。為此，他收集了山東全省108個縣（市）的土壤樣品1700多個，用化學分析的方法測定土壤中速效鋅的含量，並選擇試點，在施肥方法、使用量、使用時期、噴施濃度等方面進行示範，結果產生了非常顯著的增產、增收的效果。

粉碎「四人幫」以後，張乃鳳已經70高齡了，他像年輕人一樣，在科學的春天到來之際，感到渾身都是勁。他帶領他的弟子們，在農科前沿陣地勇敢地開拓，與國外農科機構恢復了聯繫，還和同事們一起，制定了我國化肥區劃，為提高化肥增產效益指出了宏觀控制途徑。這項研究成果，獲國家科技進步二等獎。

他的研究課題〈關於山東省土壤速效普查和鋅肥肥效試驗的報告〉，榮獲1981年農業部研究成果獎一等獎；1985年國家科學進步三等獎；〈中國化肥區劃〉獲農業部科技進步二等獎。[註5]

多年來，他的科學精神和崇高的道德風範贏得了廣泛的讚揚，正如中國農科院院長、黨組書記翟虎渠在向他祝壽時說的那樣：「張乃

鳳先生是優秀的科研工作者，是卓有成就的土壤肥料科學家，是我國現代土壤肥料科學的開拓者之一，在農業科技界享有崇高的威望……他一生勤勤懇懇，兢兢業業，把畢生的精力投入到了我國土壤肥料學的教學於科研工作，為我國土壤肥料科學進步和農業發展作出了突出的貢獻。」院長先生還號召全院廣大科技人員向張乃鳳先生學習，以飽滿的熱情，投身於農業科技開創新體系的建設中，共創中國農業科學院新的輝煌！註6

活到這麼大年紀，常會有人問他有什麼訣竅，為什麼能夠長壽？

他總是十分幽默地回答人家：「我不管人家的閒事，只管我自己，省心呀！」

其實，他管的「閒事」也不能算少。100多歲時，每天仍堅持要看好幾個小時的報刊，還要收聽新聞廣播，特別注意國際形勢和國內大事。至於國際上權威性的專業雜誌，他永遠不會放過的，還時時不忘給年青人提個醒。雖說早就不在其位了，他心中仍舊裝著全中國的國土。

張乃鳳，始終是中國農科界公認的一面旗幟。

張石銘家族
靜江家族

【註釋】

註1：《中國農科院》（報紙），2003年4月10日

註2：〈情繫中華大地　獻身土肥事業──賀張乃鳳先生百歲華誕〉，中國農業科學院編，2003年

註3：《中國現代人名大辭典・張乃鳳》

註4：宋路霞採訪筆記：2004年12月13日採訪張乃鳳先生和他的兒子張寧於北京

註5：〈情繫中華大地 獻身土肥事業──賀張乃鳳先生百歲華誕〉中國農業科學院編　2003年

註6：《中國農科院》（報紙），2003年4月10日

從公子哥兒到書畫鑒定大師

張蔥玉（名珩，字蔥玉，又字希逸，1914－1963）是張石銘的孫子，張乃驊的兒子，張家第三代著名收藏家，以收藏和鑒定唐宋名畫名揚天下，也是解放後我國第一代書畫鑒定大師。他跟他的祖父、叔祖、父親及叔父一樣，一生跌宕起伏，色彩斑斕，充滿傳奇。

張蔥玉17歲一夜身價200萬

張蔥玉的父親張乃驊（字仲平1892－1918）是張石銘的第4個兒子。他不僅像他的大哥張乃熊（芹伯）和弟弟張乃驥（叔馴）那樣，繼承了老太爺嗜古如命的特性[註1]，還繼承了其父維新的革命細胞，積極投入了當時的革命浪潮。

張家的世交、常熟人曹大鐵先生曾介紹說：「張四仲平，石銘仲子，即蔥玉之父。工詩文，以豪俠著，有小孟嘗之譽。清末與南社諸君友契。于右任先生主辦《民籲報》

張石銘家族

張靜江

張蔥玉20歲時就被故宮博物院聘為鑒定委員。

即由其出資。」又説，張乃驊由張秉三介紹認識了蔣介石（蔣介石與張秉三在日本留學時是同學，蔣介石的父親又是掌管張家在奉化鹽棧的經理），視其為大器，成為莫逆之交，並且「屢屢延譽於靜江，靜江復推薦於孫中山先生，先生依為勁旅，器重無比。秉三所作《辛癸日記》，嘗屬余賦句。該記洋裝本，而以毛筆細楷逐日書之，其中多辛亥革命史實。民國後二年，幾無一頁不書涉蔣介石和仲平者⋯⋯」註2

這段記錄説明，蔣介石認識張靜江，還是張乃驊引薦的結果，並且在張秉三的日記裏，多次談到張乃驊與蔣介石的交往故事，可見張乃驊是張家又一位很有作為的人物。可惜時隔半個多世紀，現已無法找到這本意義重大的日記了。據張秉三先生的兒子張毓奇先生講，其父所有的日記和文稿，全部毀於十年浩劫。於是曹大鐵的這段話，成了迄今關於張乃驊的最為詳細的介紹。

張乃驊跟他的堂叔張靜江一樣，也是反封建、反獨裁的革命志士，欣賞

西方民主制度，崇拜孫中山先生，積極參加各種政治性集會，所以在民國初年南北對立的緊張空氣中，他也跟張靜江一樣，「享受」了被驅逐出族的「待遇」。註3

後來張靜江北伐勝利後衣錦還鄉，當上了浙江省主席，張家自然要迎其歸宗了。可是張乃驊很不幸，1918年有一天他和張秉三一起乘船去杭州時，途中不慎失足，竟溺水而逝，年僅26歲，當時他的獨生子張蔥玉才4歲。

張乃驊不幸去世後，張石銘對張蔥玉這個孫子就格外疼愛，整天把他帶在身邊跟進跟出，生怕再出意外。張石銘的晚年是在書房和古董中度過的，來往的朋友都是些老夫子，他們不是到張家來欣賞字畫和古籍版本，就是懷揣著什麼珍籍秘寶，樂滋滋地前來請求鑒賞。張蔥玉整天在這樣的環境裏，從小過眼的文物不知其數，加上祖父在旁親自指點，其練字、讀書、品畫的功夫自然非同一般。他原本聰穎過人，五歲就開蒙讀書了，日子長了，祖父的小朋友就成

張蔥玉的父親張乃驊

張蔥玉的母親邢定

了他的大朋友，他父親當年的朋友也成了他的朋友。這就是為什麼他的朋友，一般年齡都要比他大許多的原因。于右任原來是張靜江和他父親的朋友，後來也成了他的朋友。

在他14歲的時候（1928年），他的祖父也去世了。

大家族一旦失去了掌門人可是件非同小可的事情，因為家產太多了，自家人一般都講不清到底有多少，通常是要請權威的會計事務所來清算。清算完畢後還要登報說明，以示公正。張家請來了經濟界著名人士張文進進行資產評估，最後作了兩句結論：其一，除去在常熟、蘇州、湖州等地的田地、鹽場、房產以及古籍、字畫不算，僅在上海的房地產和其他產業，價值即達2000萬元；其二，與此同時，負債900萬元。所謂負債，據說是指做地皮生意被「套」住的部分。算下來，實際財產仍有一千多萬兩，由此可知，張家「大象」的地位保持了半個多世紀，至1931年仍沒有動搖。

1931年，後代服孝滿3年之後可以分家產了。1000多萬家產五房兒子分析（女兒也能分到一些，但數量無法與兒子相比），平均每房可得200萬。

這下可發了張蔥玉。因其父親早逝，他又是獨養兒子，四房的財產就該著歸他一個人「獨吞」。那年他才17歲，小小年紀一夜之間有了200萬身價，成了雙份兒的百萬富翁，這就不能不使他抖豁豁起來。張家人憐他小小年紀就沒有了父親，特意把大世界那塊地皮分給他，好讓他坐收租金，一輩子衣食不愁。但這一夜間的暴富，也為他帶來了諸多意想不到的事情，使他後來的生活就格外跌宕起伏，富有戲劇性。

迅速崛起的青年書畫收藏家

張蔥玉20歲的時候，已是詩書棋畫，無所不能了。他藏書固然不少，古錢古瓷也都玩過，而最有成就是還是古畫。他的性情頗似其叔公張靜江，財大氣粗，日斥萬金，來往交遊的皆名流豪客，舉手投足自有一番「震撼」作用，凡是遇到合意的作品，他動輒斥資買下，為此還付了不少「學費」。

他最初的藏品是他祖父傳給他的一批字畫。他開始買畫時常上人家當，廣東路上的古董鬼子見他年輕，手裏又有的是錢，就拿假貨欺騙他。他性格倔強，明白真相後從不認輸，所謂「輸了錢也不能輸人」，於是發憤研究，刻苦磨煉，買進賣出，廣交朋友，真貨假貨都拿來比較，全部的心思加上全部的鈔票，終於練就了「目光如炬」的真功夫，1934年他20歲的時候，就被故宮博物院聘為鑒定委員，後來在1946年再次被聘為故宮鑒定委員。註4

他的藏品最負盛名的有：唐代張萱的《唐后行從圖》軸（絹本設色）和唐代周昉的《戲嬰圖》卷（絹本設色），以及大宗元人繪畫。張萱是盛唐時代的宮廷畫家，擅長人物畫，尤工仕女題材，常以宮庭遊宴為題作畫。這幅《唐后行從圖》即是宮廷生活的寫照，各式人物幾十人，面目各一，栩栩如生，極為名貴。周昉是唐代最有代表性的人物畫家之一，他畫人物「衣裳勁簡，彩色柔麗」。所畫仕女，多為濃麗豐肥之態，題材亦多表現貴族階層的生活。這幅《戲嬰圖》相傳清末從皇宮中流出，張蔥玉花重金從北京買來。

其他著名的古畫還有：宋易元吉的《獐猿圖》、金劉元的《司

馬樞夢蘇小》卷、元錢選的《梨花鳩鳥圖》卷、元李珩的《墨竹圖》卷、元趙雍《清溪漁隱圖》軸、元李遵道的《古木叢篁圖》軸、元顏輝的《鍾馗出獵圖》卷（達14頁，紙本水墨）、元倪瓚的《虞山林壑圖》軸、元王蒙的《惠麓小隱圖》卷、元趙原的《晴川送客圖》軸、元方從義的《武夷放棹圖》軸、元陳汝吉的《羅浮山樵圖》軸等。這些古畫朱印累累，有的畫卷有歷代古人題識長達數尺，可知皆為流傳有緒的珍品。至於明代沈周、唐寅、文徵明、仇英、姚綬、文嘉惠、居節、董其昌、丁雲鵬等，以及清代王時敏、王鑑、石濤、吳偉業、漸江、王原祁、龔賢、華嵒、王翬等人的作品就更多了。註5

這些畫件，真不知花費了多少精力和錢財。

他年紀輕輕手裏一下子有了這麼多錢，又喜歡買畫，自然就成了北京和上海古玩商們追逐的物件。北京琉璃廠的古董鬼子常常帶了成箱的貨，南下來敲他家的門。他有一幫玩字畫的朋友，除了收藏家，還有不少小開，他們三天兩頭在一起不是看字畫就是吃飯、打牌，今天你請我，明天我請你，有時一天中有好幾個節目，上午喝茶，中午吃飯，下午看畫，晚上打牌、跳舞或者打綠台……當然也常有文化節目，或者到誰家看字畫，或者人家把字畫拿到他家來鑑賞，或者看戲、看電影，忙得也算不可開交。小開中有盛宣懷的兒子盛恩頤、法租界的聞人魏廷榮、廣東人譚敬、南潯蔣穀孫、烏鎮徐懋齋（張蔥玉的嬸嬸徐懋倩的哥哥）、還有著名畫家吳湖帆、梅蘭芳的秘書許姬傳等等，全是上海灘有身價的人物。註6

翻開張蔥玉1938－1941年間的日記（現存他夫人顧湄女士手中僅存的幾本，其餘均散失於「文革」），其中有不少他買畫的記錄，從中可

以知道他曾經擁有過的一些古畫和古籍。他很細心，詳記了價格。他幾乎每天都記日記，少有間斷：

「伯淵來，以十畫發售：杜墓梅花高士軸　四千元；宋人羊生啟瑞圖軸　五千元；詩龕圖卷　四千元；倪元璐竹石圖軸　五千元；張靖之山水軸　四千元；周東村人物軸　五千元；惲向山水冊　二千元；錢轂蕉石圖軸　一千元；羅兩峰水仙冊　三千五百元；張羽鍾馗軸　五百元。同轂孫、姬傳飯於起士林。」（1941年7月10日）

「伯淵許購物甚眾，列於下，計四萬七千三百元：王煙客竹石圖　六千元；潘蓮巢雪景山水　二千元；又，仿倪落木寒泉圖軸　七千元；顧若周山水　一千三百元；文徵明山水　七千元；宋刻于湖居士集六冊一函　一萬四千元；諸摸蘭亭卷　一萬元。賀乾康壽，並觀陳暄演大登殿劇。夜博，負七千五百元。」（1941年6月10日）

「芹伯父來談，繼同赴徐貫雲夫人之喪。孫伯淵來，以宋賢卷等發售，列價如後：宋名賢題徐常侍篆書跋六則卷　一萬元；宋吳浚自長詩卷　五千元；趙子昂光福寺記卷　又聖教序卷　二萬元；歐陽玄書西昌楊公墓志卷　五千元；元文宗承懷字卷　五千元；明周天球書畫卷、王樨登詩卷、倪謙長卷、範允順書卷 共二千四百元。滄州（飯店）賀龐襄臣嫁女。偕湄觀電影於大上海，片名《返魂香》，未見精彩。姬傳兄來夜談。」（1941年4月10日）

「友慶持王心一玄珠山水一軸來，卻是真跡，其畫罕見，惜價昂耳，費氏物也。葆華、季翰繼至。仲明見訪，贈予松雪小楷洛神賦影本，蓋其家藏舊物，為子京舊藏，有晚字型大小。又示予南宋馬遠山

水一軸，亦舊物，非截款戴文進筆也。」（1939年3月）

「北平書估孫助廉來收俞和冊款八百元，去，因作三書帶京，一
致王子霖，一致陳濟川，一致徐石雪，並贈以丹丘竹譜印本。至甲子
社與王伯元奕，未勝。赴壽丞花宴於秀華，又赴桐花鳳宴。與寶熙遊
百樂門、發倫。」（1939年3月17日）

「季銓偕德人孔達博士來，攝予齋中諸畫，自晨迄晚始去，尤
未盡也。孔達能中文，善鑒，曾收集明人、清名家印千方，為畫人印
譜。方付梓而中日戰起，竟毀於火。今方撰中國名畫一書，未脫稿
云。夜赴周文瑞博局，大敗而返。」（1938年6月4日）

⋯⋯現在人們倒可以從德國人孔達博士著的《中國名畫》一書
中，窺見他1938年時的藏品規模。

自然，由於種種原因，這些畫抗戰勝利以後已經不全在他手裏了。

1947年，張蔥玉的好朋友鄭振鐸為他編印了他的藏畫圖錄，名為
《韞輝齋藏唐宋以來名畫集》，宣紙精印，極為考究，共著錄精品70
幅。說明在1947年的時候，起碼這一批書畫還是張蔥玉手裏的寶貝。

鄭振鐸不愧為一代有民族責任心的文化巨匠，他有感於大批中
國古畫流落海外，但魚龍混雜，真假莫辨，有些海外人士就憑所見的
一些贗品在發表評論的情況，決定憑自己的力量，把真實的東西印出
來，以清世人耳目。他計劃把真正的名家藏畫一部部地印出來，而
張蔥玉的韞輝齋，就是他選中的第一家。他在序言中說：「⋯⋯選
刊海內外所藏我國名畫，抉別真偽，汰贗留良，匯為一有系統之結
集，以發時人之盲聾，而闡古賢本來面目，唯此是扛鼎之作，予一人

之力萬萬不足以舉。此居，常與徐森玉、張蔥玉二先生論及之，皆具同感，且力贊其成，遂議合力以從事斯舉。二先生學邃見廣，目光直透紙背，偽贗之作，無所遁形。斯集信必有成矣。全書卷軼浩瀚，未易一時畢功，乃先以蔥玉韞輝齋所藏為第一集。蔥玉為吳興望族，襲適園舊藏，而十餘季來，所自搜集者，尤為精絕，自唐張萱《唐后行從圖》以下，歷朝劇跡，無慮數十百軸，皆銘心絕品也。元人寶繪尤稱大宗，至明清之作，亦抉擇至慎，隻眼別具。劫中常思墨版輒牽於他，故中止。今得印布於世，誠論述我國繪畫史者之幸也！」這段話即介紹了張蔥玉的收藏和價值，又對他的鑒賞水準作了極高評價。所以解放不久（1950年），鄭振鐸在國家文物局局長任上，火速調張蔥玉進京，為國家服務，這是後話。

可惜張蔥玉的藏品與他名下的房地產差不多，均來去匆匆，臨近解放時，手頭已所剩無幾。1947年鄭氏於該序的末尾就有感慨：「不幸蔥玉之藏適有滄江虹散之歎，尤其楚人之弓，未為楚得，徒留此化身數百，流覽僅資此。予所深有感於秦無人也。」痛惜之情，溢於言表。

一場豪賭輸掉了大世界地皮

張家的房地產業，在上海最出名的有兩個地方，一個是大世界所在的那塊地皮，在張蔥玉名下；另一個是南京西路上的靜安別墅，當初在張澹如名下。

大世界所在的那塊地皮，當年是張石銘的母親（即張蔥玉的曾祖母桂太夫人）買下來的。如前所述，原來是一片垃圾場，後來成了黃金

地段。1917年，黃楚九租下這塊地皮造了著名的大世界，張家從此從這塊地皮上不知賺了多少錢。分家的時長輩們念及四房張乃驊早逝，只有一兒張蔥玉，就把此「搖錢樹」分給了他。可是誰知他「少年不知愁滋味」，一切都來得太容易，結果必然是「去」得快。在他祖父去世10多年之後，就被他拿去付賭債了，一時成為哄傳上海灘的大笑話。

張蔥玉率真得可愛，常在日記裏記下夜博大敗而歸的「戰績」，如「吾大負」、「吾大敗而返」、「吾負兩千元」、「吾負五百元」等等。然而等酒肉朋友一上門，幾句好話一說，他依舊跟著他們去。這麼一來，他的鈔票可就有地方去了。大世界地皮的喪失也是打牌的結果。他的一位老朋友曾說：「張蔥玉打牌性太急，坐不定立不定的，如何能贏？」

房產賣得差不多了自然要殃及他收藏的字畫，他手中的珍品名跡，大多賣給了廣東人譚敬。臨近解放時，他手頭僅剩下幾件東西：顏真卿的《竹山聯句》、歐陽修的《灼艾帖》、元初錢舜舉的《八花圖》、宋米芾的一件一尺見方的手書真跡，以及宋拓《蘭亭序》碑帖，內有近百位名人題跋，洋洋大觀。50年代末，他提出售與東北博物館，寫一長信給該館的楊仁凱館長，聲稱這是生平藏品的最後一批，這次脫手，有「掃地出門」之語。可是事不湊巧，趕上3年自然災害，又遇上個別領導對於在困難時期增加館藏並不重視，就以經濟原因將其藏品退回了。後來由故宮博物院和上海博物館分別買下。

可是事情又有變化，張蔥玉到真正窮了的時候又知發奮了。尤其是鄭振鐸先生把他調到北京國家文物局工作以後，脫離了上海那幫酒肉朋友，他的能量就爆發出來了。解放後他寫了大量文物鑒定文章，還率領文物專家走遍大江南北，普查國家的文物「家底」，為我國文

物事業立下汗馬功勞，成為我國第一流的文物專家。張家那些當年辛辛苦苦辦實業的人，名氣反倒不如他響了。

「命」中註定好姻緣

張蔥玉到了男大當婚的年齡時，媒婆就找上門來了。說來也巧，這個媒婆是他們南潯老鄉，人稱金媽。更巧的是，這個金媽是張蔥玉的父母結婚時的媒婆，還是張蔥玉的老丈人和丈母娘結婚時的媒婆。

張蔥玉、顧湄夫婦在上海兆豐公園（今中山公園）。

她在為張家和顧家說合的時候，最初是碰了壁的。那年顧湄小姐17歲，金媽叫顧湄拍一張照片，金媽拿著去給張蔥玉看。誰知張蔥玉玩的是古畫，思想倒很新派，根本不屑於媒婆介紹，他要自由戀愛。所以對金媽遞過來的照片看也不看，一口回絕了。金媽只好沒趣地走開了。

好像是上蒼的安排，一晃五年過去了，張蔥玉24歲了，顧湄小姐也22歲了，兩個人一個未娶，一個未嫁。金媽

張蔥玉、顧湄結婚照

知道後又來勁了，決定再作一次嘗試。這次不知金媽施了什麼新招，張蔥玉居然答應在兆豐公園與女方見面了。還好，第一面感覺不錯，接下來他們進入「自由戀愛」，兩個星期以後，他那凡事速戰速決的脾氣又來了，就在靜安寺一家德國餐館請老丈人一家吃飯，算是把這件婚事初步「敲定」。老丈人顧純葆是蘇州人，在滬主持一家保險事務所，思想很開放。數月之後（1937年6月）他們正式訂婚，準備擇日辦理終身大事。誰知兩個月後八一三滬戰爆發。那天張蔥玉開著汽車剛剛從大世界門口經過，身後就傳來了爆炸聲。他倍受驚嚇，趕緊帶著全家去香港了。第二年（1938年）1月12日回到上海，22日在大東飯店與顧湄小姐舉行了婚禮。

　　他在當天的日記中記下了那次難忘的盛典：「就婚於顧氏。陰雨連朝，忽然開朗，似覺精神一爽也。餘今日就婚於顧氏，假禮堂於大東（酒樓），清晨即赴，來賀者自鄧伯庸以下，凡百餘人。因國難，極力事節省，只於至親及知交中發柬而已。三時許行禮，證婚人虞洽卿，介紹人李祖夔、周愷（即周叔蓮），男儐相俞時中（後來成了張靜江的女婿），女儐相新婦慧珍之妹德珍。贊禮者嚴燕孫，奏琴者張次梅。夜設席凡二十一桌。散後至新寓歡飲，款之茅臺，即余去歲遊黔時攜歸者，味甚辛，故客皆扶醉而去，余未沉醉……」婚禮的主婚人原定是張靜江，但當時張靜江不在上海，就由張靜江的四弟、人稱四老爺的張墨耕代替主持。

　　第二天他繼續記道：「新婦名慧珍，丙辰十一月初六日生，年二十又二，吳縣人也，甚婉淑。」婚後他們住在張家大房的地豐路公寓，小日子過得很熱鬧，因為家中不僅張蔥玉好客，新媳婦顧湄（原

名顧慧珍，張蔥玉為之改名顧湄）好客，連老婆婆邢定也是個非常好客的人，所以家裏每天賓客盈門，頓頓有客人留飯。

俗話説「樹大招風」，張蔥玉日子過得熱火了，也曾招來了綁票。好在沒被綁去。那天他們夫婦正在延平路老丈人家吃飯，家中的男傭人阿福匆匆趕來送信，説是家裏來過一個不速之客，留下一封信。張蔥玉邊吃飯邊拆信，想不到信中掉下一顆子彈，全家人嚇了一跳，那信上寫著：「……到府上請駕不遇，他日再訪。」那時上海市面很亂，常有綁匪大白天闖入民宅。為防不測，老丈人當機立斷，叫他們不要回家了，暫時避到旅館裏去，於是用自備車把他們夫婦送到外灘的華懋飯店，而蔥玉的母親和妹妹張微（邢定因沒有女孩子，把姐姐的女孩過繼過來）也不敢在家裏住，住進了靜安寺附近的鈞園飯店。直到數周後，託人給萬航渡路上的「76號」（汪偽政府的特務機構）送了好幾幅名畫，請他們出面干涉（其實明明知道，很可能就是「76號」的特務幹的），才算把事情平息。註7

鄭振鐸冒著政治風險保護張蔥玉

鄭振鐸先生的出現，是張蔥玉一生中有關鍵意義的大事。據顧湄女士回憶説，張蔥玉與鄭振鐸先生起碼在1938年時就認識了。那時他們婚後不久，常見鄭先生一大早就來到家裏樓下的客堂間，先獨自翻看報紙，喝點茶，等張蔥玉下樓來。鄭振鐸那時是好幾所大學裏的教授，學識廣博，對中國古代藝術很有興趣，有空就來向張蔥玉請教，有時帶一些古書和字畫請張過目。張蔥玉的日記中多處提到：「鄭振

張石銘家族
靜江

1950年張蔥玉一家在北京

鐸來，帶來畫卷、古董⋯⋯」

　　抗戰初的幾年中，鄭振鐸與徐森玉、張壽鏞等組成「文獻保護同志會」，在淪陷區搶救古籍善本，這時張蔥玉幫了大忙，介紹了一些藏家，他自己的一批珍本也經鄭振鐸賣給了中央圖書館，同時動員他的大伯張芹伯，將上千部善本售給了中央圖書館。[註8]

　　他自己出讓給中央圖書館的珍貴藏書有：宋版《春秋註疏》十行本30冊、宋版《孟子註疏》十行本14冊、宋版《毛詩正義》十行本24冊、宋刊明補本《儀禮》16冊、元刊本《禮書》32冊、影鈔唐卷子本《左傳》30冊、影鈔唐卷子本《周易尚書》7冊、元刊本《過於補音》3冊、宋刊本《儀禮集說》10冊、元刊本《左氏春秋》30冊、元刊本《廣韻》5冊、宋茶磨司刊本、元明修《新五代史》20冊等等，至於明刊清刻，更是洋洋大觀，總共261種，計1611冊。[註9]除此之外，還有從明代到抗戰為止的歷代曆書200多部。這個藏書目錄即便拿到現在，也足

以令人瞠目結舌。

在這前後，張蔥玉的錢袋有時還能為鄭振鐸經濟上活絡活絡。鄭先生聯繫的社會面非常廣，有時需要接濟一下什麼人，就請張蔥玉幫忙，張蔥玉總是「OK」，沒有話說的。每逢這個時候，他只是淡淡地對妻子說：「他那頭有人來，要用錢」，或者說：「他要接濟一個人，這個人很重要」。至於是接濟什麼人，並不詳說，也許他自己也不清楚是什麼人，但他相信鄭振鐸。至於後來錢有沒有還來，恐怕也是一筆糊塗帳，張蔥玉夫婦並不認真當回事。

對於數額較大的款項，張蔥玉還是記了一筆，如他在1941年12月24日的日記中就記著：「金華來替鄭振鐸借款三千元。」金華叫楊金華，是一家舊書店的員工，與鄭振鐸是好朋友。那時太平洋戰爭剛剛爆發不久，日本人進入了租界，鄭振鐸等面臨了極大的危險，必須轉入地下。這個時候他與重慶失去了聯繫，正在困難時期，急需用錢是很自然的，張蔥玉二話沒說，馬上辦理。但3000元在當時不是個小數目，因為那時一擔米也只有10元錢。一個六口之家，加上傭人，每天吃魚吃肉，一天的菜金也只需兩元錢。

到了解放初，張蔥玉已經頻臨經濟危機了，手裏的字畫越來越少了。俗話說：「旁觀者清」。張蔥玉身邊那多如牛毛的朋友，在鄭振鐸看來，有的是朋友，有的根本不是朋友，只會帶來麻煩。他在上海呆的時間越久就越沒錢，久之必然要毀了這個人才。鄭振鐸是真朋友，好朋友，關鍵時刻要幫朋友一把。恰好此時國家要籌備開放故宮博物院，還要建設國家歷史博物館，就毅然把張蔥玉調到了北京，當國家文物局的文物處副處長，兼文物出版社的副總編輯，充分發

張靜江家族

中國革命博物館給顧湄女士的感謝信

揮他的特長，讓他專心致志地為國家服務。

自然，那時北京的生活條件是很艱苦的，這對於在上海的租界裏生活慣了的小開來説，是個不小的考驗。最初他先一個人去工作，一年後全家才搬去。尤其難能的是，他的老母親邢定女士也跟他一起搬到了北京。全家從上海的花園洋房一下子住到了北京的胡同裏，煤氣竈變成了煤球爐子，抽水馬桶變成了院子裏的「蹲坑」，一切都很不方便，加上氣候乾燥，冬天寒冷，他那本來就單薄的身板就常生病。但是張蔥玉的精神生活一下子充實了很多，他覺得把自己的經驗和本領貢獻給國家，這比什麼都重要。何況那時的首要工作是要恢復、充實故宮繪畫館，意義重大，必須全力以赴。故宮原先的古代珍貴字畫一部分被末代皇帝溥儀帶到東北，還有一大批被國民黨政府帶去了臺灣，到解放時，故宮繪畫館已經是個空館了，急需從民間充實藏品，這個徵集工作中就有很重要的鑒定任務。張蔥玉幹這行真是

得心應手，20歲時就已經進出故宮參與鑒定了，過眼的東西實在太多了，中國最重要的書畫藏品，很多他都親眼看過。

他的夫人顧湄女士至今還記得一件事。40年代有一次他們夫婦到了北京，當天晚上朋友請客看戲，他們坐定後就聽見後排有兩個老人在聊天。其中一個人說：「聽說上海的張蔥玉來北京了。」另一個則說：「這位張先生對古畫如此精通，肯定五十歲出頭了。」坐在前面的張氏夫婦心中不免好笑，他們哪裡知道，張蔥玉就在他們眼前，只是個20來歲的青年呀！其實當時張蔥玉達到的鑒定水平，連張大千和譚敬都是防著他的，他們造的假畫就怕張蔥玉給看出來。譚敬還雇傭了湯臨澤為他臨摹古畫，一旦張蔥玉找不到湯臨澤的時候，譚敬就推說回鄉下去了，可是張蔥玉知道這裏的奧妙。

張蔥玉寫給吳湖帆的信

二十世紀50年代，是個政治運動不斷的年代。鄉間搞土地改革，對那些家庭出身是地主，或者名下還有些土地的國家幹部來說，是一個非常危險的「坎」，弄不好就被揪回鄉下批鬥。張蔥玉就面臨了這個問題，因為大家族分家的時候，肯定也分給他一部分土地的，儘管他自己並不清楚，也不去掌管，所以南潯鄉下究竟有他多少地，始終是筆糊塗帳。

可是到了鄉下搞土地改革的時候，老百姓就來跟你算清楚了，説是張蔥玉名下有1000多畝地，是個大地主，應當揪回鄉下，接受批鬥！南潯真的有人跑到北京去要人！

這件事引起鄭振鐸先生的高度重視，他明白，張蔥玉只要一回到鄉下就不要想回來了，各地的政治運動都是寧左勿右的，這個人才

張蔥玉（前排居中）、鄭振鐸（前排左二）等在北京團城合影

就要被毀掉了。為了保住張蔥玉，他毅然動了腦筋，巧妙地把地主的「頭銜」挪到張蔥玉的母親邢定老人的頭上。那時邢定老人年紀已經大了，又是婦道人家，況且已經作為幹部家屬跟隨張蔥玉來北京居住，地方上不便為難的。這樣一來，張蔥玉就被鄭振鐸「扣」在北京不放，可以安心工作了註10。不僅如此，鄭振鐸還安排張蔥玉參加了一個地區的土地改革工作隊，轉眼變成土改隊的幹部了。

這件事當時是被鄭振鐸先生打馬虎眼唬過去了，誰知到了「文革」期間又被捅了出來。北京文物局的造反派胃口很好，不辭勞苦地南下調查，果真查出了張蔥玉在解放前有1000多畝地的記錄，可見當時還是留下了蛛絲馬跡的。只是因為鄭振鐸和張蔥玉都已在「文革」前好幾年就去世了，張蔥玉的母親邢定老太太更早於他們去世，造反

1970年代張貽文、陳樹仁（後排右一、二）在北京結婚。前排右一顧湄；右三高君箴（鄭振鐸夫人）、左三徐邦達夫人。

派才無法迫害他們。但他們還是抓住了活人出氣，於是顧湄女士就倒楣了，成了「地主婆」，抄家、挨鬥，備受歧視。

　　現在回過頭去想想，在當初，鄭振鐸先生是冒了多大的政治風險啊！其苦心，不就是為了保住張蔥玉這個人才嗎？而這樣的「罪行」在「文革」中，是足以置他於死地的。

南鑼鼓巷北屋軼事

　　近幾年，張蔥玉的女兒張貽文寫了不少對其父親的回憶文字，其中談到他們在北京南鑼鼓巷的生活，非常生動，展現了那個時代國家文化幹部的生活風貌。

1950年張蔥玉給三個孩子的信

　　張蔥玉1950年到北京國家文物局工作時，先住在鄭振鐸先生家裏，吃飯也在鄭先生家裏。1951年全家都搬去之後，局裏就把他們安頓在南鑼鼓巷北屋，是一溜朝北的平房，生活條件比上海的花園洋房簡直不能比。他非常熱愛他的工作，熱愛新中國的文物事業，每天早出晚歸。除了文物工作，其他公益活動諸如修十三陵水庫等公益勞動，他都樂意參加。國際乒乓球賽在北京開賽，他會買來全套的票子，讓大家輪流去看，說是只要看到中國人打敗了外國人就心裏高興。

　　那時張家突出的特點還是朋友多，這是他們家的老傳統了，只要是星期天，家中必定是賓客盈門，有時一波還沒走，另一波又來了。平時晚飯後也是朋友們上門的時候，大家一聊就是幾個小時，有時是圍繞一兩件字畫，有時就是談天說地，因為張蔥玉見識多廣，待人又隨和，大家和他在一起覺得很有趣。常來的朋友有啟功、王世襄、徐邦達、夏鼐（原北京考古所所長）、周貽白（中央戲劇學院教授）、張伯駒、張學明（張學良的弟弟）、裴文中（考古專家，鄰居）、楊仁凱（遼寧博物館館長）、許姬傳（梅蘭芳的秘書）、許源來（許姬傳的弟弟）、唐蘭（歷史學家）、謝稚柳、黃永玉、黃冑等先生，還有一些較年輕的專家如故宮的劉九庵、文物局的章敏、羅哲文、考古所的王俊明等等。黃永玉和黃冑還曾畫了畫，提了辭送給顧湄女士。

　　還有一些喜歡文物收藏的首長，如黨內理論家鄧拓、海軍司令蕭勁光、交通部長章伯鈞，都曾來討論一些文物問題。章伯鈞來時總有幾個警衛員跟著，晚上院子裏很黑，警衛員在院子裏打手電筒，照來照去，門口還有人把門，別人一律不讓進門了，顯得有些空氣緊張。其實賓主們在屋子裏天南海北，談笑風生，放鬆得很呢。還有一位叫魏

金非的廣東省省長，也是文物愛好者，有便到京的時候，總要往張家走走。註11

啟功先生住在黑芝麻胡同，離張家的南鑼鼓巷只有幾分鐘的路，所以三天兩頭晚飯後到張家來。尤其是大冬天的晚上，人家都一家人圍著火爐不出門了，而他戴上棉帽、圍巾和棉手套，還是全副武裝地慢慢往張家走。他說話非常幽默，常引得大家哈哈大笑，而且聲音很像少兒廣播電臺裏講故事的孫敬修，所以孩子們都很喜歡他。

王世襄與張蔥玉算是半個老鄉，他母親是南潯人。他那時住在芳草園，離張家較遠，總是騎自行車來。王先生除了精於文物收藏和考證，還很講究美食，他能燒一手上好的菜，用料極為講究。他常會一個人騎上自行車去北京西山，到山上採摘一種叫「二月蘭」的野菜，回來燒製成美味帶到張家來。有時他又有了什麼美味了，就請張蔥玉全家去他家品嘗。每年過年他總是第一個來拜年，大年初一一清早，大家都還沒起床，他就在門外扯著嗓門叫「過年了」……

張蔥玉畢生心血的結晶
《木雁齋書畫鑒賞筆記》

　　自然，當這些老朋友一旦知道他們的蔥玉突然離去的消息時，感情上是無法接受的。啟功和王世襄一進門就嚎啕大哭……

　　那時雖然經濟生活比較艱苦，但大家相處得很和諧，都以國家利益為重，社會風氣也比較淳樸，心情也就比較坦然。政治上雖有三反五反和反右運動，但張蔥玉是個不問政治的文化人，上面又有鄭振鐸先生這個保護傘，也就安全多了。先生們合作得愉快，太太們也相得益彰。鄭振鐸先生的夫人高君箴與顧湄，以及徐邦達先生的夫人，她們成了好朋友，一起度過了幾十個「牌桌上的春秋」。

　　鄭先生的兒子鄭爾康結婚時，因顧湄正患肋膜炎臥病在床，張蔥玉就帶了女兒前去王府飯店參加婚禮。若干年後，張蔥玉的女兒結婚時（1972年），兩家的男主人都早已去世了，鄭夫人就帶了老傭人唐媽和孫子孫女到南鑼鼓巷來賀喜。從當時留下的照片看，滿屋的人除了新郎官就是女性世界了，徐邦達夫人是帶著兒媳婦和孫女來的。一張紫檀木八仙桌子還是當年從上海帶去的（是當時張家僅剩的兩件值錢的傢俱之一，還有一件是張蔥玉的書桌，也是上好的紫檀木的，臺面上還嵌有一大塊暗紅色帶花紋的玉石，抽屜的拉手都是精美的雕花玉石。後來家中屢遭盜竊，不得已就賣掉了。當時賣了17萬元人民幣，如果放到現在，真不知價值幾何），鋪上臺布，放上幾盤糖果和茶水，就算是婚禮了。對比張蔥玉夫婦上海大東酒樓的二十幾桌酒席，回家又有茅臺酒招待，真如天壤之別，而時間上只是一代人之差。

　　張蔥玉的女兒張貽文與鄭家也有一段溫馨的交往，在她10歲左右讀小學的時候，每星期都去鄭家借小人書看。因為鄭振鐸先生是文化部部長，出版社出了書都要送他一本，所以他的書房裏堆滿了書，其

中有不少是小人書，堆在書櫥的下格裏。張貽文一到週末，就提個小籃子到鄭家去。她沿著皇城根到景山後街，再轉到黃化門，走上約半個小時，就到文化部的宿舍大院了。她可以先坐在地板上翻看，挑出好看的就放在籃子裏帶回去，下週來時再調換。那時就已經有《紅樓夢》小人書了，給她很深的印象。她一進門，胖子哥哥（鄭俪康）就會迎上來，告訴她哪些是新送來的，可以先看。

　　張貽文還記得改革開放之後，他們全家離開北京移民美國時的一個插曲。當初她家從上海搬北京時，廚房裏所有的罈罈罐罐都被裝進了一隻巨大的缸裏。到了北京後，要用什麼食具了就到那大缸裏去找，總能找到合適的，所以那隻大缸好像聚寶盆似的，要什麼有什麼。其實那些食具在張家人眼裏，都是些平時家用的東西，根本不稀奇，而在別人看來，康熙、乾隆年間的都是好東西了。二十世紀80年代他們要出國的時候，上級發話下來，說是「張家人走東西不能走」，要把有文物價值的東西留在國內。其實經過十年浩劫，他們覺得家中好東西已經沒有了。後來經過領導協商，僅僅放行了兩隻大盤子，說是給他們留作紀念的，其他「鍋碗瓢勺」還是沒讓帶走。註12

在文物鑒定的崗位上鞠躬盡瘁

　　張蔥玉原本一個精神貴族，對身外之物不是很上心的，只要工作有意義，領導信任，同事配合默契，他就很高興了。5、60年代的工作都是日以夜繼的，白天忙完了晚上回到家裏，不是埋頭寫東西，就

是接待來訪的同事和朋友。一旦發現一件有特殊價值的字畫，他會高興得不斷地摩挲，連連讚歎。

據鄭振鐸先生的兒子鄭爾康講，那時白天工作已是非常繁忙，晚上張蔥玉總是還要看書、寫作到很晚。一個看家屬院的老職工曾說，整個院子就屬張蔥玉的屋裏熄燈最晚。

他在國家文物局文物處工作的13年間，做了大量艱苦的開拓性工作。建國之初，文物處處長一職原先要徐森玉先生擔任的，但徐先生執意留在上海，後來就沒有再調處長，由張蔥玉這個副處長主持工作。1952年，東北發現了末代皇帝溥儀帶到東北的《佚目》書畫，他就立即組織調查，參與制定政策，設法徵購。組織鑒定後，充實到已經空空如也的故宮博物院中。1953年，當故宮繪畫館正式開放時，已經有了自隋朝展子虔到晚清吳昌碩的作品500多件了，他為此激動地寫下了〈古代繪畫的厄運和幸運〉一文，回顧了歷史上我國古畫的歷次劫難，指出目前在繪畫館裏展出的這些展品的意義和價值，字字句句充滿了深情。

50年代初期，從大陸去香港、臺灣的有錢人，帶去了不少古代珍貴書畫，幾年後，他們中有些人有意出讓，而國家正在籌辦國家歷史博物館，就派了一位資深幹部前往廣州辦理此事。香港的港商從中搗鬼，使出美人計和糖衣炮彈對這位幹部進行拉攏，這位幹部經不起誘惑，明知是假畫，還是花重金買了下來。那個幹部回到北京後，知道騙不過張蔥玉的眼睛，就對張打招呼，叫他不要吭氣。張蔥玉一看果真是假的，氣憤地說：「這麼大的事情，我怎麼能不說？！」於是堅決予以揭露，挽回了國家的損失。

1962年，國家文物局為了弄清國內的書畫家底，決定由他負責一個工作組，對全國的文博機構所藏書畫進行一次普查。他和謝稚柳、劉九庵一起，在一年多的時間裏，走遍北京、河北、河南、江蘇、遼寧、吉林、黑龍江、湖南、廣東等地，鑒定分佈在各大博物館的書畫近十萬件，從中發現了許多湮沒已久的書畫珍品，及時地搶救了國家的文物財產。一路上這些單位多次邀請他作學術講演，他在向大家傳授鑒定書畫的經驗的時候，重點強調了一個觀點：主要依據是「時代的風格和畫家個人的風格」，給大家帶來很大啟發。這些講演後來經有關專家整理，編為《怎樣鑒定書畫》一書，於1964年出版，後來又多次再版，還被介紹到日本去，出版了日文版。

　　至於他本人的收藏情況，由於解放以後經濟狀況的限制，張蔥玉不得不轉移方向，從過去收藏古代珍貴字畫，轉到收藏郵票。他收藏的郵票別出一格，過去傳統的集郵家大都好追逐大龍郵票、紅印花郵票，或是什麼改版、錯版、倒版之類，他卻專門收集和研究解放區的郵票。他收集的紅軍長征以前的各革命根據地郵票多達14枚，這是個創紀錄的數位，至今無人打破。經過4、5年的努力，他收藏的解放區郵票種類已經大致完備，共1728枚。為了更好地整理和研究這批有特色的郵品，他曾向鍾笑爐等集郵大家借來很多郵學書籍作參考，準備編寫《中國解放區郵票目錄》和《中國解放區郵票史》，可惜由於身體健康原因，未能如願。這些郵票後來在他逝世之後，由他夫人顧湄女士全部捐獻給中國革命歷史博物館，該館還頒發獎狀予以表彰。

　　在北京工作期間，他的一手絕妙的瘦金體字還發揮了一次重要作用。

解放初出版的關於介紹敦煌壁畫
的一部書中，有一篇鄭振鐸先生寫的序
言，毛筆字是請張蔥玉代書的。書出版
之後，毛澤東也獲得了一本，看到鄭序
的毛筆字寫得這麼好，以為是鄭振鐸的
字。在簽訂西藏和平解放公約時，毛澤
東就提議要鄭振鐸來抄寫正式文本。鄭
振鐸得到通知後才知道是主席誤會了，
於是叫張蔥玉進中南海執行任務。張蔥
玉為此專門準備了筆墨，到中南海認真
地完成了任務。但是不知為什麼，他當
初書寫時用的毛筆和硯臺沒讓帶出中南
海，再後來就與《和平公約》原件一
起，陳列在中國歷史博物館裏了。張蔥
玉有一次陪客人參觀該館，意外地發現
自己的筆墨也被陳列在玻璃櫥裏，感到
非常高興。這時大家才知道事情的原
委。註13

張蔥玉、顧湄訂婚照

他曾立志把自己的經驗和心得進行
科學總結，把傳世的歷代重要書畫作一
次全面的整理著錄。從1960年開始，
他夜夜奮筆不輟，先列目錄，再逐項
介紹，每至深夜。那時正逢3年困難時

2006年7月，張蔥玉、顧湄的外孫陳智
寅、薛敏紋在絡杉磯結婚，張家南號
的親戚前來祝賀

期，連像樣的稿紙都不易覓到，只能用像草紙一樣粗糙的紙張，而他那蠅頭小楷毫不馬虎，已積至數千件，計劃要寫2、300萬字。可惜這個龐大的計劃因為他的健康原因未及全部實現，他在48歲時即告別了人世。他患的是肺癌，因手術失敗而逝世。

張蔥玉逝世後，骨灰安放在北京八寶山革命烈士公墓。

好在他留下的文稿《木雁齋書畫鑒賞筆記》歷經劫難還是被保存下來了。2000年，文物出版社將其影印出版，煌煌13巨冊，成為他留給後人的最寶貴的學術財富[註14]。

張蔥玉先生逝世後，啟功先生曾有一幅挽聯，概是對這位卓越的收藏家、鑒賞家公正的評價：

> 投分推誠，久彌敬篤，最痛心，一旦摧毀，百身何贖；
> 高才博學，日益精勤，堪屈指，十秋賞會，四海無雙！[註15]

他本人也有一首打油詩，詩云：「積習平生未掃除，十年渾自濫齊竽；眼昏睡少知何用？夜夜燈窗苦著書。」這的確是他數年艱苦奮鬥的真實寫照。

【註釋】

註1： 《南潯鎮志》（油印本），朱從亮，1990年

註2： 《菱花館歌詩·注十三》（油印本），曹大鐵

註3： 宋路霞採訪筆記：2006年春電話採訪張澤瑚先生於上海

註4： 《南潯鎮志》，朱倍得主編，上海科學技術文獻出版社，1995年

註5： 《韞輝齋藏唐宋以來名畫》（張蔥玉藏畫），鄭振鐸編，1947年

註6： 《張蔥玉日記1938－1941》（稿本），張蔥玉

註7： 《父母的姻緣》（手稿本），張貽文，2005年

註8： 《近代藏書三十家》，蘇精（臺灣），傳記文學出版社，1983年

註9： 《韞輝齋書目》（手稿本）張蔥玉

註10： 宋路霞採訪筆記：2005年10月16日訪問張澤璡於蘇州；2006年5月上旬採訪鄭振鐸先生的兒子鄭爾康、朱明磊夫婦於上海

註11： 《我的父親》（手稿本），張貽文，2005年

註12： 《零星補充材料》（手稿本），張貽文，2005年

註13： 《我的父親》（手稿本），張貽文，2005年；2006年5月上旬採訪鄭爾康、朱明磊夫婦於上海

註14： 《木雁齋書畫鑒賞筆記》，張珩，文物出版社，2000年

註15： 〈四海無雙木雁齋──鑒賞家張珩〉，（載上海書店出版社《上海收藏世家》），鄭重，2004年

千絲萬縷的豪門聯姻

張氏既是南潯巨富，兒女婚嫁也必然遵循了傳統大家族的規矩，那就是豪門聯姻。

在南潯，跟張家有姻親關係最多的是號稱「八牛」之首的邢家，兩家之間起碼有這樣幾門親家——張乃燕的夫人邢景陶是邢家小姐；張乃熊（芹伯）的元配夫人邢晉祿是邢家小姐；張乃驊的夫人是邢家小姐邢定；張石銘的二女兒（早逝）的婆家也是邢家；張石銘的元配夫人徐咸安的妹妹嫁的也是邢家；張南琛的舅公錢泰的夫人邢蕊芬還是邢家小姐，與張乃燕的夫人是堂房姐妹。張乃驊不幸去世後，他的夫人邢定過繼了一個女兒張微，張微的生母也是邢家的小姐，名邢珊文。

邢家跟張家一樣，也是南潯絲業大戶，在做輯里絲生意方面，資格一點也不比張家差。他家祖上從清初就開始經營蠶絲了，開設的邢正茂絲行是南潯鎮最早的絲行之一，故有八代絲業世家之稱。[註1]邢家老太爺邢賡

星在世的時候，曾經與南潯小蓮莊的劉家老太爺劉鏞合資到上海做生意，邢賡星去世後兩家析產，邢家得現金200萬。邢家後人鑒於從事絲業的危險，改變了投資方向，轉向典當業和房地產業，在上海、杭州、蘇州等地有很多投資。[註2]

邢家的典當生意一度做得很大，據記載，邢家絲業致富後在南潯、海寧、太倉、上海、海鹽、平湖及蘇北若干城鎮開設典當達30餘家，平均每年每個當鋪的利潤為2萬元，是南潯富商中開設典當最多的一家，邢賡星的兒子邢壎是上海典當業中的重要人物[註3]。據《邢氏恒盛典流水簿統計》一書記載，邢家的恒盛典當鋪僅1936年6月至

這張照片代表了4個家族的聯姻：張南琛（右三）、張澤瑾（右四）、徐懋倩（右二）、錢泰（左一）、邢蕊芬（左二）。

1937年5月一年中的生意，就有60909人次典當衣物，計162916元。其中生意最多的一天是1937年2月8日，有479人次，計1379元。典當的期限以18個月為期，月息二分，其中一分為典當開支，另一分就是利潤了，利息遠遠高出銀行利息[註4]。這個典當鋪的流動資金有10萬元。如果以邢家平均每個典當鋪有10萬元流動資金的話，那麼邢家僅在典當業上就有300萬元的流動資金（民國年間張靜江集資建江南鐵路也不過300萬元），所以邢家被號為「八牛」之首，不愧是南潯最大的一頭「牛」。

南潯邢家在杭州西湖邊的別墅
——抱青別墅

邢家的後代中有一個邢鼎丞，是民國年間的知名實業家，在金融界和紡織界有一定影響。他在杭州西湖邊的北山路建造了一棟非常漂亮的「抱青別墅」（在張靜江的葛嶺別墅的山下），如今被列為杭州市的歷史保護建築。

對張家的生意起過重要作用的親家，主要是龐家和周家。

龐家跟張家一樣，也是南潯「四象」之一，是名噪江南的大財主。張頌

賢的二兒子張寶善娶了龐雲鏳的女兒為妻。因此，張寶善與民國年間的著名人物龐萊臣、龐青城都是郎舅關係，龐萊臣與龐青城就是張弁群、張靜江兄弟的親舅舅。

張家子弟後來能夠闖蕩世界，從開放的意識來說，除了祖上從事海外貿易的影響，很可能還有著舅舅家的影響。

龐家的海派細胞本比張家多得多。龐家老太爺龐雲鏳（1833－1889）15歲就在鎮上陳裕昌絲行當學徒，很快成為經營蠶絲的行家。後來獨立出來，在絲行埭開設一家收貨的龐怡泰絲行，稱「坐莊」，又在上海的泰康裏設一個「行莊」，叫龐怡泰絲號，逐步可以跟經營蠶絲出口的洋行買辦打交道了。他聰明機警，善於交際，辦事又有魄力，不數年家業大發。[註5]。十九世紀60年代中期，正是清廷鎮壓了太平天國之後，天下相對承平的年代，海外對輯里絲的需求激增，不僅是龐家，張家、劉家、周家……整個南潯都進入了一個突飛猛進的時代。

龐雲鏳在經營蠶絲的過程中，結識了杭州胡慶餘堂國藥號的老板胡雪巖（即胡光墉），成為莫逆之交。胡雪巖比龐雲鏳更會做生意，他長袖善舞，不僅與洋行裏的買辦有交情，還在官府裏找到了後臺，這個後臺就是曾任浙江巡撫的左宗棠。

那時正是左宗棠靠軍功建功立業的上升時期，胡雪巖為其經理官銀庫，辦理軍需後勤，鞍前馬後，細緻入微，日久深得左大人的信任。1866年以後左宗棠升任陝甘總督，為了「剿撚」和「攻回」，更需要購買大批西方先進武器；1875年他率兵出征新疆，進而討伐阿古柏叛亂，需要軍火更殷，胡雪巖是再好不過的人選，就被派在上海主持采運局局務。[註6]

在上海與洋行洋商打交道，龐雲鏳比胡雪巖更有資格，在龐的洋朋友中，就有販賣軍火的。當胡雪巖要為左宗棠採辦軍火時，龐的這些軍火商朋友就派上用場了，於是龐雲鏳成了胡雪巖的得力助手。軍火生意比蠶絲買賣要好賺得多，屬於暴利的行當，龐雲鏳因此又多了一條發財之道，錢袋更迅速地膨脹起來。

但是，軍火生意總是不怎麼光彩的，為了免受非議，龐雲鏳就以兒子的名義，向大清王朝捐獻了十萬兩紋銀，由李鴻章向朝廷奏獎，所以，光緒十七年（1891年），在朝廷的恩賞下，龐元濟（即龐萊臣）成為「特批」的舉人（他憑科舉考試僅是個秀才，儘管他這個秀才真本事遠遠比一般的秀才大得多，是中國第一流的書畫收藏家），龐雲鏳也獲得了一品封典和候補四品京堂的特賞。[註7]

發了財的龐雲鏳頭腦並不發熱，在生意場上，有時頭腦甚至比胡雪巖還要清醒。胡雪巖自恃有左宗棠的支持，是個「紅頂商人」，有恃無恐，有意要與洋商一決高下，但是並沒有看準國際市場的行情，以至於後來吃了大虧，最後破產。南潯顧家、周家等大戶都不同程度地受到連累，而龐雲鏳只是轉手代購，並無太大損失。

有了胡雪巖的前車之鑒，龐雲鏳決心從此再也不經營蠶絲了，並告誡兒子說：「白老虎可怕，莫再經營蠶絲」[註8]。南潯有關文獻裏還記錄了他的描述和總結：「庚申以來，洋商絲市甚盛，眾商貪利不止，一敗將不可振。未幾，絲貨壅滯，洋商抑之，皆大折閱，破產傾家者相望。」[註9]

龐雲鏳的兒子龐萊臣等後來放棄了絲業，把資金投向了米業、醬園、酒作、國藥、典當、錢莊、銀行、絲廠、紙廠等方面，尤其在上

海，他投資中國銀行，還收買了英國人
的正廣和公司大量股票，建造了牛莊路
上的三星舞臺（戲院），以及成都北路
上的世述里。註10

　　龐家與張家是至親，龐家的洋務
細胞不可避免地會感染張家子弟。後來
張靜江在法國開通運公司，其中有一大
宗生意是古董生意，在古董的鑒定和供
貨上，他的舅舅龐萊臣就幫了他大忙。
創辦龍章造紙廠的時候，也是舅舅龐萊
臣牽的頭，張家眾弟兄積極跟進的。當
然，張家也幫過龐家忙。龐家曾仿照張
家的樣子開醬園（龐怡泰醬園），就是
因為有了姻親張家供應的鹽作保障。註11

　　南潯「八牛」中的周家也是跟張家
生意上有聯繫的姻親──張靜江最小的
弟弟張鏡芙（增華）的元配夫人就是周
慶雲的妹妹；張靜江的二小姐張芷英的
丈夫周君梅是周慶雲的侄子；張靜江的
六小姐張乃琪的婆婆與周君梅的父親是
姐弟；另外，張鏡芙的一個女兒張乃申
的生母是周家的十一小姐，繼母又是周
家的六小姐周六和。

張家的親家、著名實業家周慶雲

周家祖上也是做蠶絲生意的富戶，發家的一代老太爺是周昌熾和周昌大兄弟，他們早年就在南潯和上海兩地經營輯里絲，周昌大還曾在張頌賢開設的張恒和絲行裏當經理[註12]。1869年他們獨資開設周申泰絲行於南潯的絲行埭和上海的集賢里，聲譽卓著。不幸的是，他們後來加入了胡雪巖囤積蠶絲的行列，1884年幾至破產，於是只好停業。到了他們的下一代周慶雲（1864－1933號湘舲，別號夢坡）時代，就轉向了鹽業。

周慶雲從事鹽業最初是跟張家老太爺張頌賢學的。《南潯志》中講到周慶雲時有云：「光緒十年周申泰因囤絲失敗，幾至破產，遂停業，周決定放棄蠶絲，佐理張家鹽務，成為張頌賢的得力助手且結為至親。光緒三十三年（1907年）被舉為權勢最大的嘉興所甲商……民國初，各甲商為維護共同利益，便於聯繫官府，在上海成立蘇五屬（蘇州、松江、太倉、常州、鎮江）鹽商公會，當選為會長。民國十年（1921年）

張叔馴的岳母是嘉興錢家的女兒錢德珩（外交家錢泰的妹妹）

又在杭州成立兩浙鹽業協會，會長也是周慶雲，成為兩浙鹽商中的權威人物。」[註13]

周慶雲的兒子周延乃在周慶雲的年譜（該年譜由張靜江作序）中也寫道：「光緒十七年辛卯（1891年）二十八歲 春 赴杭州為張竹齋太姻丈襄理醃務，府君業鹽自此始。」[註14]可知張家對於周家來說是多麼重要。周慶雲並不滿足於鹽業上的成功，民國後成了上海灘商界非常著名的民族資本家。他投資創辦了多項現代企業，其中較著名的有浙江鐵路公司、浙江興業銀行、上海物品證券交易所、 五和精鹽公司、虎林絲綢公司、天章絲織廠、秀綸絲織廠，他還發起和投資開採長興煤礦和鐵礦。

他兒子周延乃在他的年譜中多次記錄了他與張家人在一起的活動：「光緒二十二年丙申 三十三歲 三月，偕黃子言太姻丈福綸、張定甫姻丈寶善、石銘孝廉鈞衡，乘舟至七里瀧，登嚴子陵釣台，謝皋羽西台、歸泊雲棲同遊。適得七人有竹林雅集圖。」周慶雲五十歲生

張叔馴的親家席德柄、黃鳳珠在席家花園

日時，張石銘等都寫了賀詩。這說明張
家與周家，不僅是生意上的夥伴，他們
還是傳統文化方面的同路人。註15

　　張家的闊親家還有很多，如張石銘
的元配夫人徐咸安是桐鄉烏鎮首富徐家
的小姐（徐家東號篤慶堂）；繼室夫人
徐清卿是震澤富商（興源記）徐家的小
姐；張寶善的大兒子張弁群的夫人是著
名藏書家蔣汝藻（密韻樓的主人）的姐
姐蔣汝芝；老六張久香的元配夫人是南
潯「八牛」之一邱家小姐邱愛珠，繼配
夫人是上海富商董仲生的女兒董龍珠；
張石銘的五小姐嫁給了也是南潯「八
牛」之一的邱家；張久香的大女兒張乃
瑾嫁了南潯首富、小蓮莊劉家的孫子
劉世熙；張石銘的七子張叔馴娶的也是
烏鎮徐家的小姐，名徐懋倩，是徐咸安
弟弟徐曉霞的女兒；張石銘的六小姐張
智哉嫁給了震澤的富商徐家，丈夫是張
石銘的繼配夫人徐清卿的侄子徐慰萱；
張石銘的九子張瞿庵娶的也是震澤徐氏
富商家的小姐，叫徐靜怡，是張石銘繼
室夫人徐清卿的親侄女；張石銘的七小

張湘英、吳世植結婚照

姐張湘英嫁給北京滙豐銀行買辦吳家的公子吳世植；八小姐張淑英嫁給上海富商、康定路趙家的趙闓章……

　　如果加上第三代中的闊親家，那就更多了——張芹伯的大女兒張穎初嫁給上海著名實業家、上海銀行公會主席盛竹書的孫子盛重駿（盛安孫的兒子）；張叔馴的兒子張南琛娶的是蘇州洞庭山銀行世家、上海造幣廠廠長席德柄的小姐席與時；張澹如的親家是杜月笙的大管家許采丞；六小姐張智哉的女兒徐景淑的婆家是上海著名營造商浦東顧家，丈夫顧正言是顧蘭洲的孫子。張智哉的兒子徐昌澤，16歲時高中還沒畢業就赴英國留學，人極聰明，有「科學怪人」之稱，大學畢業後當會計師，

大陸改革開放以後，張家人常在上海聚會。前排右起：張穎初、張南琛、張淑英、席與時、張微；後排右起：呂光宇、張澤璟、趙闓章、盛仰高、張澤璐、楊建民、張忻、賈通藝。

娶的的是英國貴族的小姐；張蔥玉的妹妹張微嫁的是浙江上虞富商賈家……

當然，這種豪門聯姻帶有相當多的封建色彩，家長包辦的居多。在多數情況下，的確使兩個家族經濟上的聯繫更加緊密。除此之外，還有一些小的相互照顧，比如，張芹伯從石路大宅院搬出來之後，能夠買下華山路上李鴻章家族的丁香花園，就是他們的親戚邱輝女士幫忙的結果，因為邱輝女士的婆家是李鴻章五弟李鳳章的兒子。還有，周家周六和的丈夫俞則民，能當上莫干山療養院的院長，與張靜江當浙江省長，主持開發莫干山也大有關係。

張智哉嫁震澤富商之子徐慰萱

但是，如果一旦碰上性情不合的鴛鴦，那就只好分道揚鑣了。張石銘的六小姐張智哉，嫁的是震澤富商徐氏興源記老闆徐硯雲的兒子徐慰萱，不幸就碰上了一個紈絝子弟。徐家世代以經營絲綿為業，其「金龍牌」絲綿行銷國內外。那些絲綿在當時除了可以製作衣服，還用來製作降落傘，因那時所有的降落傘都是絲質的。徐家在上海的老房

張智哉的兒子徐昌澤（潤蒼）
娶英國貴族小姐為妻

張智哉的女兒徐景淑嫁著名
營造商顧蘭洲的孫子顧正言

子在北京東路的東海里（一頭通北京東路，一頭臨蘇州河），那房子也是一處遞進式的大宅院，規模不比張石銘在石路的房子小，也許正是這個原因，張老太爺才肯把寶貝女兒嫁到徐家。

徐家老太爺的元配夫人畢氏沒有生養孩子，二夫人生了一男一女，女孩子成人後嫁到著名律師葉琢堂家，男孩子就是徐家的命根子徐慰萱。可想而知，這樣一個極其富裕的家庭，兩位夫人只生了這麼一個男孩子，被寵愛的程度簡直無以復加，徐慰萱成了非常任性、被寵壞了的公子哥兒，花錢如流水，把祖傳的家業任意揮霍，加上外界有壞人的引誘，花錢就更成了無底洞。他們婚後有兩個孩子，也是一男一女。張智哉忍無可忍，只得提出與其分手。他們兩個孩子名分下的財產，先由葉琢堂先生保管（葉琢堂還是張家的朋友李叔明的丈人），後來才由張智哉接管。離婚後，張智哉先是獨自回石路娘家住，假期裏兩個孩子也到石路張家大院與母親同住。1928年張石銘去世後，她們搬到

法租界去了。

這種婚姻上的悲劇故事在大家族裏並不新鮮。張智哉能夠與徐氏分手還是幸運的。許多人在娘家是大家閨秀，嫁到婆家一旦婚姻不幸福，丈夫對自己不忠誠，那她就有可能被冷落在一旁，一輩子獨守空房。因為回到娘家是需要勇氣的，在許多情況下，回娘家是會受到人們嘲笑的。如果女方生了孩子，尤其生了男孩境遇還好一些，如果沒有孩子，那等待她的必然是漫長的孤寂和悲哀。

好在張家的兒女婚嫁絕大多數還是幸福的。這種豪門聯姻帶來的正面影響是，加強了豪門家族之間的經濟合作和社會聯繫，客觀上形成了一個家族財團，有利於集中資金進行較大規模的投資，另外對於孩子們來説，起碼孩子們都有條件進入很好的學校讀書，進而留學國外。現在張家的第三代、第四代、第五代中，碩士、博士、專家、教授成筐成簍，滿坑滿谷，科研工作者動輒就是一大群，他們的從業履歷拿出來常常令人心跳加快……就是證明。

張南琛的舅公、外交家錢泰、邢蕊芬夫婦

【註釋】

註1： 《中國近代最大的絲商群體——湖州南潯的「四象八牛」》，陳永昊等
主編，浙江人民出版社，2001年

註2： 《南潯文獻新志紀餘》（油印本），朱從亮，2000年

註3： 《南潯鎮志》，朱倍得主編，上海科技文獻出版社，1995年

註4： 《南潯文獻新志紀餘》（油印本），朱從亮，2000年

註5： 《南潯鎮志》，朱倍得主編，上海科學技術文獻出版社，1995年

註6： 《中國近代史詞典》，上海辭書出版社，1982年

註7： 《南潯鎮志》，朱倍得主編，上海科學技術文獻出版社，1995年

註8： 同上

註9： 〈絲業小史〉（載朱從亮《南潯文獻新志紀餘》2000年），周子美

註10： 《南潯文獻新志紀餘》，朱從亮，2000年

註11： 《南潯鎮志》，朱倍得主編，上海科學技術文獻出版社，1995年

註12： 《中國近代最大的絲商群體——湖州南潯的「四象八牛」》，陳永昊
等主編，浙江人民出版社，2001年

註13： 《南潯鎮志》，朱倍得主編，上海科技文獻出版社，1995年

註14： 《吳興夢坡（慶雲）先生年譜》，周延乃，1934年

註15： 同上

◎往事仍在眼前◎

張乃昌（張靜江的大兒子）：

1932年，我10歲。我們在上海，咪咪（張乃珣，我最小的妹妹）也出生了。那時日軍已經入侵中國東北和華北地區，日本飛機不斷在上海以及東海海岸線挑起事端。終於，這一年上海爆發了「一二八」事變，中國的第十九路軍忍無可忍，與日本人打起來了。這次為期數月的戰事，最終以中國政府的妥協而告終。

五年後（1937年8月），日本人又來轟炸上海，那時中國已有自己的空軍部隊，但是飛機不如日本多。當日本飛機飛到黃浦江上空，第一個警報發出時，中國飛機就前去攔截。那時我們家住在上海馬思南路，因為是在法租界，受到法國政府保護，所以認為十分安全，日本飛機不會轟炸那片區域。但聽到防空警報，大家還是很快躲起來，而我出於好奇，越是拉警報，越是急於看熱鬧。

張靜江、張叔馴在海外的滄桑歲月

我趕緊跑到房頂上，房頂有個大平臺，平時我常爬上去，站在臨街的一側往樓下扔地炮（一種爆竹，跟彈球差不多大，裏頭都是沙子，把它扔在地上，會「砰」地一聲炸開）。

　　這時我則希望看到飛機在空中作戰。起初飛機離得還遠，看著看著，突然一架飛機向我直衝過來，我嚇壞了，連忙蹲在圍欄下，只有眼睛露在圍欄上面。然後我看見那飛機扔下一枚炸彈，匆忙飛走了。我更驚慌了，覺得炸彈正向我衝過來，而且越來越大。它掉在一些房子的後面，頓時火光沖天。幾秒鐘之後爆炸聲傳過來了，天搖地動，我腳底下的房子似乎也在晃動。我急忙跑下樓梯，人們的臉上滿是驚惶和迷茫。我問他們有沒有聽到爆炸，他們當然聽到了。過了一段時間，我們再次聽到了空襲警報。我還要衝向房頂，但是有人拽住我的手臂不讓走，我不顧一切地掙脫出來，再次衝上了房頂。

　　我永遠不會忘記我那次所見到的一切。我看到一輛敞篷卡車，滿載著人的殘肢、手臂、腿、頭和身體的碎段，緩緩從我家樓下的馬思南路開過，血從卡車後面不斷地流下來……好奇心使我忘記了害怕，一直目送卡車緩緩行進，看到它居然就停在了隔壁一個大院的門口，那裏是天主教教會辦的廣慈醫院（現在叫瑞金醫院）的後門。附近的居民開始圍攏過來，遠遠地、目瞪口呆地看著眼前的慘劇。過了不多時間，醫院後門開了，卡車開進了停屍房……此時我再也忍不住了，衝下樓去，跑到了媽媽身邊。

　　不久我們聽說，那些受害者都是在大世界門口罹難的，炸彈落在了大世界遊樂場門前的廣場上。當時有很多人聚集在那裏（大世界相當於紐約的時代廣場，人口密集，非常熱鬧。那時大世界的地皮還是張家南號的產業，分在張蕙玉的名下）。炸彈正巧落在人群中央，是日本飛機還

1737年「八一三」大世界門前被炸後的慘狀

大世界門前被炸得屍橫遍地

是中國飛機幹的當時並不清楚。我估計炸死的人要是沒有上千，起碼也有好幾百（據史料記載，當時共有兩枚炸彈從中國飛機上墜落，一枚落在大世界門口，另一枚落在外灘華懋飯店門口，共炸死1012人，炸傷1007人，慘不忍睹）[註1]。也有一種說法是，一架中國飛機在空戰中受了傷，快要掉下去了，飛行員想把炸彈扔到黃浦江裏以減輕負重，好飛回機場，可是還沒等飛到黃浦江邊，炸彈就在大世界的上空滑落了……

上海不安全了，人心惶恐。母親決定帶我們離開上海去杭州，因為父親在杭州，荒時亂月，最要緊的是全家人應當匯聚在一起。

可是當我們到達火車站的時候，那裏已經人山人海，市民們這時都想離開上海，離開這個充滿火藥味和鮮血的城市，爭先恐後地往火車上擠。所有的火車都擠滿了人，過道、車廂門口，甚至登車的梯子上都有人站著，緊緊拽著火車。我們根本無法擠上去，更不可能帶著個嬰兒（咪咪）擠上車。所以母親先一個人在別人的幫助下奮力擠進車門，因為車廂裏有為我們預留的位子，然後我們把咪咪從窗戶裏遞給她。如今我已經忘記我是怎麼上火車的了。無論如何，那是一次非常恐怖的旅行，我們好歹總算抵達了杭州。

痛苦的選擇：離開中國大陸

◎往事仍在眼前◎

張南琛（張石銘的孫子，張叔馴的大兒子）：

我的父母常常會在一些瑣事上持有不同見解，但他們非常恩愛，數十年間，他們在一些重要的問題上還是步調一致的。因為他們的緣

故，我和弟弟澤璉在日本人帶來的戰爭面前毫無畏懼，而且受到了最好的照顧。在1932年1月28日的上海事變中，他們迅速地將我們帶到香港，安置在著名的半島酒店，那是當時香港最舒適、豪華的酒店，直到五個星期之後才回家。

然而五年之後的情況就大不同了。

我第二次去香港是在1937年「八一三」事變之後。那時候，許多政治觀察家都認為，這次的情形很可能與五年前的「一二八」事變相似，要不了很久，局勢就會平靜下來的。也就是說，只要中國政府作出讓步，戰事就會停下來，一切都會恢復正常。連一直受我父親尊重的六叔公（張久香）也這麼認為。但是，我父親還是更相信自己的判斷，保險起見，再次迅速地帶領全家避往香港。

1938年8月31日，張靜江、朱逸民、張叔馴（左二）等離開中國前，在香港羅便士道與前來送行的親友合影留念。

我和我弟弟非常幸運，因為父母的果斷，我們避免了抗日戰爭和內戰導致的混亂生活。父親的遠見卓識使我們成為整個張氏家族南號中，唯一離開中國的一家，父親所有的兄弟姐妹及他們的家庭都留在了上海，但我們也為此付出了巨大的經濟代價。

　　不出我們所料，香港的形勢也很緊張，大陸人的大量湧入導致了香港住房緊缺。一些較老的辦公樓被改造成了公寓。先期到達的六姑媽張智哉（我管她叫親姆，名義上我是過繼給他的）和表姐徐景淑（表兄徐昌澤已留學英國），在位於雪廠街16號的一棟廢棄的商務樓中，搞到了三間辦公室。她很慷慨地與我們分享。我們總共三個孩子（南琛、澤璉、景淑）和四個大人（父母親、六姑媽和一個女僕顧媽。這位顧媽跟我六姑媽幾十年了，結婚之前就服侍她）。這個夏天，中國內地已經戰火紛飛了，我們得以在香港過著相對平穩的生活，而且在這期間，我們所有的人都喜歡上了香港。六姑媽在香港淺水灣的LIDO海邊租了一間更衣室，所以我們差不多一放學就湧向海灘，海邊成了我們最喜歡去的地方。

　　那是太平洋戰爭爆發前的一段時間，我們獲得了暫時的平靜。在那國難當頭，天下大亂的年頭，我那天生熱情的父母仍舊忘不了他們的朋友，他們還饒有興致地陪同從上海來避難的朋友們一起遊覽。

　　可是從那個夏天後不久，戰爭擴展到許多地區，局勢越來越對中國不利。我父母很不情願地覺察到：我們有可能要長期流亡，需要考慮另一種折衷的生活方式。當他們在研究下一步去向時，秋季學期開始了，表姐景淑進DGS學校讀書，我們就在附近的聖保羅書院重新開始讀書生活，這是我和弟弟澤璉第一次進入學校讀書，一切都是那麼新鮮。這期間，六姑媽在九龍愛斯林道租到了一處較大的房子，我們

兩家一起搬了過去。這個住處一度似乎成了張家親屬的臨時接待站，我的堂兄張蕙玉一家及母親的妹妹姚氏等親戚都曾來暫住過。

殘酷的事實是，日本人用三個月時間攻陷了上海，儘管遇到了中國軍隊的強烈抵抗。後來，日本人在華界（外國租界以外）扶植了一個傀儡上海市政府。炮火停止了，生活逐漸似乎又恢復了平靜。包括我的六姑媽在內，許多暫時避往香港的家庭，又回到了他們在上海的家。

由於那時來往於上海和香港兩個城市之間並不太麻煩，所以父親就盡可能多地回上海去處理他的事務。但時局的發展，父母認定返回上海不是一個可取的做法，所以只有父親常回上海，我們仍跟著母親留在香港。

日本人大舉侵略中國時，我們的二叔公張靜江——這位值得尊敬的、傑出的革命者，已經同蔣介石分道揚鑣，遠離高層政治圈很久了。

作為一個偉大的愛國者，二叔公在這樣一個非常時刻，還是迅速地向蔣介石表達了他對時局的看法和救國方略，儘管他知道，蔣介石那時並不是全身心地投入抗日，因為他滿腦子都是要剿滅共產黨。自然，他的建議不會得到認真的理會。

二叔公一家最初沒有避往香港，而是隨著國民政府整體的後撤，撤往內地。他原計劃帶著全家坐船沿著長江上行到內地某個地方，再從這個地方去昆明或者重慶。然而，他們的船在臨出發的前一天被日本人炸沉了！他們全家真是幸運，這件事也許救了他們的命，於是決定改走陸路。後來，他們一家乘汽車經過長途顛簸，才輾轉到達武漢——他們家人很多，六個孩子還有男女傭人，在兵荒馬亂的危險時期，這一路他們走得非常艱苦。

在武漢，二叔公再次諮詢了蔣委員長的意見，他表示在此大敵當前的時候，自己可以為國家盡一份力量。但是蔣介石強烈地要求他離開中國，說是由於他的身體原因（腿疾），在國內會很不安全。關於蔣介石堅持要張靜江出國一事，相當高層的人士都認為，這是蔣介石為了避免張靜江干擾他的決策，因為張靜江畢竟是民國元老，在高層人士中有著相當的影響力。

離開中國是一個痛苦的選擇，而且是在這樣一個大敵當前的時刻離開，這絕對與張靜江一慣的作風相悖的。經過幾個月的反覆考慮，最終，在接近1937年年底的時候，他只好無奈地走了，帶著全家，乘坐一架小飛機去了香港。儘管如此，他為國效力的願望仍然非常強烈。

或許，我父親和二叔公在性格上有某些共同之處，他們對事物常常有自己獨特的創見，不拘泥，不保守，性格熱烈而率真，尤其對新事物的領悟，常常要快出其他人好幾拍，所以他們之間非常容易溝通，而且相互都非常尊重。1938年年初兩家都到香港後，同是天涯淪落人，關係就變得更加密切，一直到他們的後半生都是如此。

這種關係使得兩家人此後不論走到哪裡，都要住在一起。自然，這種親密關係還有一些別的原因：一是因為我母親與二嬸婆（張靜江的繼室夫人朱逸民）原本就是好朋友，她們非常談得來，在上海時常在一起吊嗓子，唱京戲；二是二叔公需要一位聰穎、成熟、可信任的人來幫助他們一家在國外生活。他的秘書的才幹不如我父親，只會講流利的法語，而不會說英語；三是，對我們家來說，作為二叔公家庭的成員，可以獲得外交官的身份。對於旅居海外者來說，尤其在一個政局動盪的年代裏，這是一個很大的優勢。

在香港避居的短暫的時間裏，大人們對時局有過很多次討論，但結論卻是唯一的：香港只是權宜之計。但是二叔公一直遲遲不肯再次遷徙。即便國內不斷傳來令人沮喪的戰報，他仍然希望回到中國去。最終他們達成共識：先把孩子們送到國外，而大人們在香港靜觀時局發展。

在1936年時，二叔公就已經把二嬸婆（朱逸民）生的長女張乃琪送到日內瓦國際學校讀書。那是一所專為國際社區建立的學校，隸屬於國聯和其他國際組織。我不清楚二叔公和這所學校的直接關係，據說李石曾是該校的發起人之一。最有可能向他推薦這所學校的人，應當是李石曾。李石曾與二叔公早年就是老朋友，而且都是無政府主義者。因為瑞士是一個長期中立的國家，所以他們認為把孩子送到日內瓦是最安全的。

1938年3月底，在一位潘先生和他的女兒的監護下，我（15歲）、我的弟弟澤璉（12歲）、張靜江的大兒子乃昌（16歲）、女兒乃琛（9歲），登上了一艘國際郵輪，開始了長達30天的奔赴日內瓦的遷徙（中途曾下船觀光）。

潘先生是在日內瓦的一個國際組織的中國代表。我們到達日內瓦後，潘先生就把我們安頓在一家善良的人家家裏，食宿都在這家人家。他還給我們找了一位法語家教教師，為我們補習法語，準備讓我們在秋季進國際學校上學。

而國內的情況是：1938年8月，武漢頻遭日本人空襲，國民政府準備繼續西撤，並且決定遷都重慶。這迫使二叔公最終放棄了留在中國的念頭，決定遷移海外。9月中旬，兩個家庭共11口人，帶著全部的行李走進法國ARAMIS（蕾娜號）的頭等艙，取道馬賽，前往日內瓦。

從日內瓦到紐約

◎往事仍在眼前◎

張南琛（張石銘的孫子，張叔馴的大兒子）：

兩家的大人到日內瓦跟我們會合之後，我們在學校附近的一座小山上租下了一套公寓，在沒有干擾的情況下，開始了平靜而健康的日常生活。唯一打破平靜的是中國官員對二叔公的偶然拜訪。應二叔公的要求，我父親總是隨伺在他的左右。

在這些來訪者中，有一位錢泰博士，他是當時中國駐比利時的大使，是我母親的舅舅，即我外婆錢德珩的親哥哥（錢家是浙江嘉興人，

從日內瓦赴紐約的輪船上。左起：張叔馴、徐懋倩、朱逸民、李石曾、張菁英。

書香門第，歷代做官。我外婆的父親錢紹幀任湖北襄陽道道台，外婆的祖父錢寶傳，號君硯，是松江府的知府。錢泰是錢家第三代當官的，他是法國巴黎大學的法學博士，第一次世界大戰後巴黎和會中國代表團的專門委員，民國期間曾任外交部條約司司長、國際司司長、中國駐西班牙公使、駐比利時、挪威、法國大使、外交部次長，幹了一輩子外交官，著有《中國不平等條約之緣起及其廢除之經過》），他一來到我們這裏，就總是帶著我們出去觀光、吃飯。

　　日內瓦有許多中國人，但是和我們關係密切的只有兩對有趣而和藹的夫婦——吳天石博士、吳太太以及李平恒先生和李太太。吳天石博士是日內瓦國際中文圖書館的負責人，著名的圖書館學專家，這個

張南琛（後排右一）、張乃昌（後排左一）等在日內瓦中文圖書館館長吳天石博士（後排左二）家作客。

圖書館是中美庚款基金會創辦的。他還是一位有造詣的大提琴手。李平恆先生是國際勞工組織的中國代表。他們的妻子都是燒中國菜的好手，應邀去他們家享用中餐是我們在日內瓦生活中的一抹亮色。二叔公由於身體原因，從不冒險去朋友家做客，在我們大家外出赴約的時候，總是嬸婆陪他呆在家裏。

對我們所有的人來說，1938年的冬天是一段特別冷清的日子。耶誕節和羅馬教皇的新年到來時，生活也是平靜的。即使是過中國的春節，也沒有任何親戚來訪，沒有節日的活動可以參加，沒有派對，也沒有精緻的年夜飯，這不得不令我們格外地懷念在上海的生活。

當冬天漸漸遠去，大家驚恐的心神漸漸安定下來之後，我父親和二叔公，這兩位思想活躍的紳士，除了不斷研究來自國內的消息，還開始討論一個眼下更具挑戰性的問題：生存環境問題。因為二叔公在出國前已經辭去了公職，只能靠政府發給的有限的補貼生活；而我父親則有一個更現實的問題：他的現金儲備越來越少，而日內瓦的工作機會很少，這就迫使他不得不考慮，以後家庭生活怎麼辦？

當時，二叔公的老朋友李石曾也在日內瓦，他也參加了這個現實問題的討論。他們早在1906年在巴黎時就開辦過一家利潤頗豐的豆腐工廠，所得利潤曾支援過那些無政府主義者的活動，所以李石曾建議「故伎重演」。

李石曾儘量說服二叔公遷往諾曼第，他想像到那裏可以種植蔬菜（他們都是佛教徒，所以不經營畜牧業），還可以嘗試著復蘇他們的豆腐產業。父親則可以受雇於他們，也能獲得一定的收入。

這個計畫很有點浪漫主義色彩，但是所有計劃的實施，事實上僅

僅是租用了一間大磚房和周圍的空地，並沒有進入實質性的開發和操作，更不要說是營業。我們一家沒去諾曼第，而是先去遊覽了荷蘭和比利時。在那裏，我母親的舅舅錢泰博士，這位中國大使優雅地招待了我們。一直到最後，我們也沒去諾曼第。不過，歐洲後來發生的事情使得這兩個家庭重新認識了歐洲，並且最終選擇了美國。

如何去美國？又是一個問題。當時有很多橫渡大西洋的航線和航班，但二叔公出於安全考慮，堅持搭乘在美國正規登記的輪船，以防他人的敵意而延誤我們啟程。我們先到了巴黎，在巴黎等待數周後，又於1939年5月17日搭乘美國「曼哈頓」號輪船前往美國，於1939年5月23日抵達紐約。

二叔公的名望和政治地位在紐約顯得更加突出了。一下船，我們就受到了當地各界人士的歡迎和問候，包括當地各種組織的高層人士、中國報社的記者、中國國民黨駐紐約的官員、從唐人街聞風而來的華僑、甚至還有一位紐約

張靜江、張叔馴兩家在日內瓦租住的公寓

張南琛、張乃昌等就讀的日內瓦國際學校

183

市長辦公室的禮賓司官員。中國駐美國總領事詹姆斯·于安排我們繞過了移民手續，用四五輛飄揚著中國國旗的豪華轎車，帶我們迅速離開了碼頭，前往我們的新家。我們的新家是紐約郊外河谷區的一幢西班牙式的別墅。

我們在那兒住了幾個月，租約到期後，我們就搬到附近的一幢複合式公寓。我們一家租了一小套居室，二叔公一家人多，租了兩套。新家除了床還算舒適，其他裝修和設施均極其簡單。我們兩家一起開伙吃飯，後來母親決定自己開伙。但我的父母仍然每天都去探望二叔公和嬸婆。

幸運的是，我們附近有兩所非常方便的學校。我和我的弟弟及乃昌去了「河谷」男校（RIVERDALE COUNTRY SCHOOL），女孩們則去了男女同校的FIELDSTONE SCHOOL學校。在河谷公立學校，作為第一批來自中國的學生，我們受到了熱烈的歡迎。我和弟弟甚至還得到了助學金。

由於背井離鄉，又辭去了公職，

張叔馴、徐懋倩夫婦與錢泰大使的三個女兒在日內瓦。右三是中國駐國際勞工組織的代表李平恒先生。

二叔公的生活表面上顯得輕鬆愜意。他主要的休閒活動，就是每天收聽廣播中一個小時一次的戰爭新聞、念誦佛經、做些禱告。除了關節炎，二叔公的心臟和眼睛也越來越不好，日趨衰弱的心臟使他變得更加沉靜和虔誠。每天晚上，我們最喜歡的節目就是雷蒙德·格雷厄姆·斯文[註2]的廣播節目，他是一名著名的戰爭評論員。每次在他的節目之後，二叔公和父親就繼續討論戰爭和時事。

張靜江（前右一）、張菁英（前右二）與親友在日內瓦。後排右起：皇甫、張叔馴、李石曾、吳天石。

二叔公在金錢上是很淡泊的。外界傳言說他離開中國時蔣介石給了他一百萬美金，讓他退休出國，但是嬸婆曾經向我母親透露說，只有50萬美金，這些錢實際上經不住大家庭在海外長年累月的花費。不論怎樣，二叔公一家在河谷過著簡單而低調的生活。嬸婆是一位賢慧而操勞的妻子和母親，她不大願意出入社交場合或是外出活動，寧肯呆在家中陪伴家人。美國加入二戰後（太平洋戰爭爆發後），她才難得地出現在一些中國人的社團中。他們唯一的放鬆就是每年夏天在「熊山」旅館小住兩個月，

那是位於一座山上的一個避暑勝地，想必有利於二叔公的健康。二叔公也邀請我們到那兒小住過，但是父親的生意總是讓我們不得不呆在城裏。

中國古錢大王的最後歲月

◎往事仍在眼前◎

張南琛（張石銘的孫子，張叔馴的大兒子）：

紐約是個誕生傳奇的地方。父親最後的傳奇生涯就是在紐約度過的。

紐約比日內瓦擁有更多的中國人，但是初到紐約的時候，我們一家的生計變得越來越令人擔心。由於我們的財產都在國內，帶出來的有限的現金無法應對長期的海外生活，父親一時又找不到合適的工作，他就只得四處向他平時接觸過的古董商、收藏家和博物館打探，看看是否對他帶來的各種古董感興趣。

賣古董是一個漫長的過程，很難迅速緩解步步逼近的現金短缺。好在過去曾在巴黎為二叔公工作過的盧芹齋（就是大名鼎鼎的古董商C.T.LOO），在紐約有一家生意興隆的古董店。他給了我父親一份工作，月薪400美元。我覺得盧先生是在還父親一個人情，因為父親在上海時曾是盧先生的好主顧。400美元的收入，扣去每個月240美元的房租，剩下來不多的錢，還是讓我們一家頗為拮据。重壓之下，父親病倒了，患上出血性的潰瘍。

好在慢慢地，紐約文物界漸漸認識了父親的存在，以及他手上的古董的價值，父親也能夠賣掉一些東西了，漸漸改善了經濟狀況。耐人尋味的是，他作為中國的古錢大王，一生收藏了數萬枚珍貴古錢，但是一旦到了緊急關頭，真正解他燃眉之急的並不是古錢，而是他收藏的古玉。

當家裏經濟狀況稍微好轉時，父親一高興，他那在上海時的小開派頭又抖出來了——他在家境並未根本好轉的情況下，買了一款特別型號的凱迪拉克高級轎車。在我記憶中，那是輛非常帥的轎車，是他用一塊珍貴玉石換來的。母親因此非常惱火。父親終生對轎車和收藏的喜愛，使得他常常在金錢用度上失去理智，魯莽行事。

後來，他的財政情況越來越好，好像財神又一次神奇地光臨了我家。一位著名的美國收藏家，芝加哥的艾弗里‧白倫德其（Avery Brundage）先生，從父親那兒買去了許多珍貴的玉石。白倫德其先生是美國20世紀30－50年代最著名的收藏家，他在芝加哥做地產生意發了財，專門收藏中國古代藝術品，包括銅器、瓷器、玉器等等。他的藏品在晚年都捐獻給了各大博物館，玉器捐獻給了三藩市亞洲藝術博物館。他從我父親手裏買去的珍玉，現今也收藏在三藩市亞洲藝術博物館裏，我們去參觀過很多次。

很明顯，父親找到了一條生財之道——做古董生意。他利用自己的專長，在拍賣會上揀價廉物美的東西，然後再轉手賣掉，這樣很快就能賺到利潤。後來他覺得這和他在盧吳公司的工作發生了衝突，於是就辭職了。

1942－1943年間，父親再次奇跡般地成了大富翁，這使得長期盤踞我家的經濟陰霾被一掃而光。這很大程度上得益於一個朋友：無錫

朋友們一起參觀美國西點軍校。
右一薛壽萱、左二徐懋倩。

藉的H.L.Hsieh（即薛壽萱、字學濂，著名外交家薛福成的孫子）先生明智的建議。

那些年，在紐約的中國人中，有三個相對獨立的群體。

其中最大的是唐人街上的廣東人，他們的上一輩人是當年來美國掘金和建鐵路的老華僑，他們傳統、守舊但是極其愛國。由於美國人排華，他們只好聚集在唐人街。他們的生意大多局限在餐飲業、洗衣店和手工業。我們剛到紐約的時候，整個紐約城中國人並不很多，知識份子很少，大多都是幹體力活兒的。美國人對中國人的印象不好，有的理髮店不對中國人服務，有的房主也不肯把房子租給中國人住。甚至也沒有一家像樣的中國餐館，所謂的中國菜，只是一盤炒什錦（CHOP SUEY）或炒麵（CHOW MEIN）而已。紐約直到1946年，才有一家由山東人開的「上海飯店」，裏面有北方的餃子和北方菜，也有南方的「獅子頭」等，生意很好，人頭濟濟。第一次在海外吃到中國江南菜的時候，我們真是開心極了。

張石銘家族
靜江家族

第二個群體就是政府和半政府機構裏的一些常駐或者臨時的官員。他們和他們的家屬、後代當中，漸漸出現了一些商人。其中最著名的就是K.C.Li和他兄弟T.K.Li[註3]，他們在抗戰之前就到美國了，擁有一家華昌貿易公司，主要做鎢礦、桐油和豬鬃的生意（最好的油漆一定要用中國的豬鬃刷子來刷），非常富有，湖南人，與毛澤東是同鄉。另一個做進出口貿易的大富商就是薛壽萱先生，他是大實業家榮宗敬先生的女婿。這類人在抗戰之前到美國的並不多。

朋友們結伴郊遊。左起：李石曾、朱逸民、張叔馴、徐懋倩、魏道明、鄭毓秀。

第三個群體就是抗戰期間來到美國的官員、知識份子及其家屬。我們一家就屬於這一群體。這個時期來美的知識份子和商人漸漸多起來了，美國人對中國人的印象才逐步發生轉變。抗戰勝利之後來美國的就更多了。不僅是大陸來的，還有從臺灣和香港來的。現在三藩市就有五個中國人的社區。那時富人逃難，到香港的多，到美國的少，還有一部分人到了巴西，因為在巴西開工廠容易，而在美國開廠被控制得極嚴。

最初，薛壽萱先生只是做蠶絲和絲織品貿易，但他的聰明才智使他在股票和日用品市場上獲得了巨額財富。有一年，美國農業部批准他為最大的大豆貿易商，這使得他在旅美華僑中更加出類拔萃。他住在紐約最高級的住宅區，那棟豪華的住宅可能有1000平方米。他經常邀請朋友們吃飯，並且招待那些來訪的中國顯貴。也就是在這樣的場合，我父親認識了幾位高層的民族主義者，如宋子文和顧維鈞博士。

對中國古董的共同興趣把父親和薛先生連在了一起。他們早在上海時就已相識，但直到我父親到紐約的幾年之後他們才成為密友。薛先生是在生意發達之後才成為真正的收藏家的。那時，他相信父親謹慎的鑒定和中肯的意見，還想建一座一流的中國古董收藏館。在後來的交往中，古董總是那麼令人愉快，即使不是為了據為已有。他們喜歡在小店舖、拍賣會和私人收藏館裏搜尋他們中意的收藏、查證它們的背景和歷史、鑒定它們的年代和真偽，最後估算

徐懋倩、張南琛母子在紐約。

它們的價值。

1942年的秋天，我去麻省理工的自然科學學院學習。由於戰爭的原因，當時工程師和科學家很急需。所有的技術學院都是四年制的。我一年到頭地拼命讀書，很少回家，只用了三年而不是四年就拿到了本科學位。那幾年，由於我沒時間回家，我父母就每年從紐約駕車到我學校來看望我幾次。我曾經一度不再熟悉我父母的活動和他們的財政狀況，不知道他們的經濟狀況已經好到了我無法想像的地步。

那真是一段快樂的時光——我到劍橋（麻省理工的所在地）最好的飯店去與他們會面，可以邀請很多（10到15個）同學或朋友一起來吃豪華大餐——我父母熱情好客的天性再次得到盡情地舒展。

後來我才知道，父母那時正在發達時期，他們採納了薛先生的建議投資股市。1944年的一個夜晚，父母突然打電話給我，通知我他們已經從「河谷」搬到「公園大道」（即Park Avenue，紐約的高級住宅區）的一棟豪華公寓裏去了。

我推測那時候他們已經相當富有。從1942－1944年，美國股市道瓊指數平均上升超過了60個百分點。任何人如果也像我父親一樣，在股市下跌的時候買進股票，那麼他也能輕鬆地賺到6到8倍的利潤。四十年代中期是我父母一起在國外生活的第二個黃金時期。很多老朋友因為退休或者做生意，這時陸續來到美國，所以他們的社交圈子變得更大了。

那時候，薛家就是他們這個社會階層的活動中心，都是僑居美國的高等華人，主要有Walter Kwok夫婦（上海永安公司郭家的小兒子，與我父親早年就是網球朋友）、T.Y.Lee（浙江實業銀行董事長李銘的侄子，當

時任紐約中國銀行行長）、Victor Hoo（胡世澤，中國外交官，1940－1945年間任中國駐瑞士大使館大使，外交部副部長）、K.C.Li（即李國欽，華昌貿易公司董事長，老華僑，當時旅美華商中最有實力者）、H.Y.Tang（無錫望族唐家的人）、Bang Hsia（夏鵬，中國交通部顧問，紐約環球貿易公司副總經理）、T.K.Li（李國欽的弟弟，我父親在上海時一起跑馬的朋友）、H.S.Yung（榮鴻三，著名實業家榮宗敬的二兒子，與父親是多年的麻將、撲克朋友）、Alfred Sze（施田生，著名外交家施肇基的兒子，當時在紐約銀行界工作）、Z.Z.Li（環球貿易公司的人）、Victor Yung（無錫榮家的外甥）、P.Y.Pei（貝祖詒，中央銀行總裁、中國銀行董事長）、T.M.His（席德懋，我丈人席德柄的哥哥，曾任中國銀行總經理）、S.M.Li（李叔明，曾任中華書局總經理、杭州電器公司總經理、大同化學公司總經理）、S.L.Yao（姚叔萊，張靜江元配夫人姚蕙的弟弟，為張靜江管理生意）、T.V（宋子文）、T.L.Song（宋子良）、Soldmon

張叔馴的夫人徐懋倩（此照系紐約著名雜誌《VOGUE》所拍，並刊登於雜誌的封面上）。

Leung（席德懋的女婿，與宋子良是連襟），以及盧芹齋等等。

他們經常去薛家的豪華住宅裏打撲克、搓麻將、吃飯，每個星期都有好幾次。在合適的季節，賽馬也是一個受歡迎的活動。我父母還經常和Walter、Julie Kowk一起遊覽各地名勝，他們對旅遊和社交的愛好，保持到生命的最後。儘管父親忙於生意和社交活動，但他從未忘記二叔公，他和母親每個星期都要駕車15公里去看望他老人家。

抗日勝利後，一些從上海來的朋友急著要回去，而我父親卻一點兒也不著急，因為他在紐約的生意進展良好。父親的姐姐，也就是我的六姑媽很負責地幫父親料理在滬的事務，包括了結父親用一部分珍貴的古錢做的抵押貸款。其實，如果那時候我們立即回國，並沒有什麼經濟上的壓力。

那時父親的生意還是不錯的。多年之後我才從母親那裏知道，在市場鼎盛時期，他們的股票價值40萬美金。按現在的價值來算，相當於350萬美元，甚至更多！

可悲的是，這些財富就像一個好夢，而夢總是不長久的。

在1946年9月，美國勞動節後的那個星期二，當我們的財富經過四年半的累積幾乎達到1942年初的兩倍的時候，股市開始暴跌。這成了我們家後來漫長、悲傷而痛苦經歷的開始。

母親總是很果斷也很實際。在經歷了股市的暴跌之後，她變得很緊張。她敦促父親把所有的股票都賣掉，並且提醒他說，這樣我們雖然損失了很多利潤，但是剩下來的仍然使我們很富有。然而父親遲疑不決，他希望看到股票可以再次上漲。後來的確上漲了一點，但沒漲到他滿意的程度。在後來的幾個月裏就一直不景氣。因為他投資股票

是以極小的毛利購進，利潤很快化為烏有，這樣一來，父親就更不願意賣了。

我當時在學校讀研究生，但是我知道父母親為投資的事情吵得很厲害。1946年底的一天，我們開車去看望二叔公。母親再次規勸父親清算他的股票，父親不同意。他們吵得很厲害。最後，父親說：「別再強迫我了。否則，我就開車撞牆，殺了全家！」

到最後，他的經紀人迫使他對資產進行清理，因為這時他連自己的原始資本都賠進去了，資本比他五年半之前開始買股票時的市值還要低。有諷刺意味的是，他的密友、自信的薛壽萱先生這時也沒有辦法幫他，因為薛先生和他的處境相同，也蒙受了極大損失。只是薛先生擁有更雄厚的資本，在這場金融巨變中還可以挺得住，不過好幾個跟著他做股票的親戚，老本都賠光了。

父親於1946年耶誕節，在灰心失望中回到上海。他希望從自己在中國的資產中清理出一部分，來開始在美國的新生活。但是四個半月的時間，他進展甚微。因為他名下的財產在他出國期間，都交由他的姐姐張智哉代為保管的。但是抗戰勝利後，張智哉自己的處境也不好（她在戰亂中把不少固定資產過戶在別人的名下以求得到保護，而這些人名聲並不好，以至於這些資產有不少在戰後被政府沒收了）。他只好分揀一下他的珍貴錢幣，把其中最好的2000枚帶到美國。

更可悲的是，從他1947年4月回美國之後，壞消息就一直不斷。

1942到1946年間，他做股票生意掙了很多錢，他以為憑藉自己的外交官身份是會免稅的。但是一回到紐約，他發現這是個錯誤。美國稅務局給了他一張四萬美元的稅單。他的心都碎了，整個家庭也為之

驚恐不安，因為這筆帳單將把我們僅存的寶貴家產抵消殆盡。

當時我在學校，我聽說了家裏的經濟災難，立即決定從學校出來，去找一份工作。我同時也下定了決心，一輩子都老老實實地工作和投資，在任何情況下都不要貪婪。由於上述的原因，父親沒有留下什麼遺產，我和弟弟澤璉在大學畢業之後，全靠獨立奮鬥去完成自己的事業。也許我對於1946年我家經歷的災難矯枉過正了，以至於我一輩子都沒借過錢，甚至沒有過房屋抵押貸款。只有一次例外，就是1954年結婚度蜜月時借過400美元。

當時有一位很有錢的中國商人，斷定美國市場在戰後會對中國的古董有很大的需求。他希望在紐約開一家古董店，請父親收集一份詳細目錄，並且請父親來經營這個店。我一直不知道這個人是誰，因為父親是在上海與他會面的。無論如何，這是這個陷入金融絕境的家庭唯一的一點希望。也許父親通過這次機會可以重操舊業。經過幾個月的籌備之後，「東方良藝」商店終於在1947年春天開業了。我不記得太多的細節，因為當時我在紐約城外的一家工廠當工程師，不經常回家。就我所知，這家古董店差不多開業一年左右就倒閉了。自1948年1月份起，父親就開始生病，時好時壞，卻不知道自己已得了肝癌。

他於1948年5月29日逝世，當時我和我的一個朋友汪國瑞在他身邊。商店垮掉了。如果他身體好的話，這個店還能起死回生，因為他對古董生意非常熟悉，而且當時美國的經濟已經開始復蘇。

據醫生推測，父親在最後一次去上海的途中吃了受污染的食物，感染了病毒，損壞了肝臟。我卻強烈地感到真正的原因是生意上的失敗，造成他頭腦極度緊張，這嚴重損害了他的免疫系統，給癌細胞以

發展的有利時機。同時，他也沒有了活下去的念頭，仍舊在為他在股市上的錯誤而傷心。

母親請薛壽萱先生的助理盧子深先生幫忙安排葬禮。

我強烈建議葬禮要簡單一點。但是盧先生在我母親的首肯下，無視我們的困境，在一個高貴的殯儀館舉行了葬禮。他們的理由是：在紐約上層華人中，我的父母是一對非常受尊敬和歡迎的夫婦，是有身份、有影響的人物，葬禮的場合必須符合我父親的身份和地位。盧先生的眼光很準，服務很到位，大廳裏放滿了鮮花、花圈等，只剩下站的地方留給前來哀悼的中外朋友、親戚、生意上的客戶和熟人。來自聯合國與華盛頓的一些中國官員和職員也來了，甚至連我的好多同學都來了。

因為我父母誠摯、直率而謙遜，所以他們一起在紐約的這九年裏，贏得了所有朋友的尊重。他們合群、熱情、慷慨，在玩撲克牌和打麻將的時候也從不小器，更何況那些嚴肅的事情了。總而言之，用一句美國俚語來說，他們的確是一對優秀的夫婦。

「民國奇人」張靜江的最後傳奇

◎往事仍在眼前◎

張南琛（張石銘的孫子、張叔馴的大兒子）：

二叔公晚年信佛。1936年他與印光法師見面之前就已經開始信佛，當時正是他於國事心恢意懶，與蔣介石鬧得不可開交之時。那年

8月，他前去拜訪了印光法師。法師不知運用何種法力，僅僅在他耳邊竊竊私語了幾句，就使得他大徹大悟起來，以至於臨走時放聲大哭（見張久香〈二兄行述〉），從此潛心佛門，念經打坐，吃素修行，對於世間萬事似乎都已看透了。後來在上海成立佛教協會，在莫干山建立佛堂等善事，都是由此開始的。再後來到了美國紐約，他多數時間也是靠念經、禱告來打發。在紐約時他的眼疾已經越發嚴重，怕光，就常常一個人在一間黑屋子裏念經，為中國的未來和親人的安寧而禱告。

　　在紐約的朋友常去看他，給他帶來外面各種各樣的消息。李石曾先生是他的終生好友，他們在一起總是愉快的，因為李先生一生都在旅行中，見識多廣而且富有幽默感。他們那率真而耿直的天性也有共

張靜江過生日時，張叔馴（後排右二）帶著全家來祝賀。

張靜江、朱逸民夫婦最後的合影

同之處，所以直到晚年，還樂於一起坐在河邊的綠樹下（二叔公坐在輪椅上），共享回憶往事的快樂。那時常在他身邊的除了他的家人，還有一個跟他多年的秘書皇甫先生，以及兩個女傭，她們一個是與嬸婆年齡相仿的趙媽，一個是年輕的陳小姐，都是跟張家一同來美國的。她們幫助嬸婆照顧老人、孩子和打理家務。後來皇甫先生回國了，因為家屬在國內。陳小姐後來在美國結婚成家，有了兩個孩子，趙媽則始終跟張家生活在一起，在嬸婆去世以後幾年才去世。

然而「空門」並非真空地帶。日本人侵華的種種獸行時時嘶咬著二叔公那尊貴的民族心。他雖眼睛不好，但看得清報紙上的大字，同時天天聽廣播，對時局的發展他腦子裏很清楚。袖手旁觀不是他的個性，他總在想如何發揮自己僅有的能量來為國效力。經過他與李石曾的周密籌備，1942年12月，他在紐約自己的寓所裏，召開了一次「世界國際社團同盟」的會議，旨在向各國政府呼籲和平，聲援中國的抗戰。美國、法

國以及南美各國都有代表出席。二叔公被推為大會主席，由李石曾代為主持會議。美國總統羅斯福的夫人主持了閉幕式。這是二叔公第一次，也是最後一次在國際會議上出現。

三年後，他雙目近乎失明，只能以收聽廣播和吃齋念佛苦度殘生。其間只有1945年抗戰勝利的消息給他帶來過快樂。1948年，二叔公因白內障不僅近乎失明，並伴有半聾，但思維仍舊清晰。日本人投降，這給了他回國服務的希望，但是他意識到自己身體狀況太糟，大概是不可行的。父親的拜訪對他而言始終是精神上的鼓勵，那時只要我一回家，我們三個就一起開車去河谷拜訪叔公、嬸婆和堂兄妹們。所以，在父親逝世之後，二叔公極度地思念他。

在紐約期間，儘管二叔公的身體日見衰弱，經濟也不寬裕，但他還是周到地安排了孩子們的讀書和生活，對留在國內的孩子更為牽掛。他總是想辦法給他認為有困難的孩子寄錢。

抗戰勝利後，當他得知他最大的外孫女周孟慈（二小姐張芷英的大女兒）已是大學二年級的學生時，非常高興，立馬通知他的女兒女婿，火速把大外孫女送到美國來深造。周孟慈從小乖巧伶俐，很討外公喜歡，他們住在上海思南路時，每次外公寫毛筆字，周孟慈總是懂事地在旁邊侍候，要麼為外公伸拉紙張，要麼為他研墨，還時常為他快要乾枯了的墨池添水，所以最討外公喜歡。按當時官方規定，只有大學畢業後才可以出國留學，而周孟慈還沒有畢業，正在金陵女大讀兩年級，但是當有關部門看到張靜江的親筆信時，很快就批准了。周孟慈在美國的讀書生活一直受到外公外婆的關照，直到1954年她的父母也來到紐約，全家團聚。

張靜江送給二女婿周君梅的對聯

1950年9月3日，二叔公死於心力衰竭，享年74歲。嬸婆說，她按照紐約州的法律，等待一位醫生來宣佈二叔公的死訊。當時她坐在二叔公的旁邊，看到一道金色的光芒從房間中穿過，不知這是不是上蒼對他的靈魂的召喚。二叔公的陵墓安葬在紐約郊外的ARDSLEY' NY FERNCLIFF公墓，我父母的骨灰[註4]也安葬在那裏。跟他們一起在美國生活的許多著名的人士，諸如孔祥熙、宋子文、宋子良、顧維鈞等等都安葬在那裏。有意思的是，他們這幫人活著的時候就常在一起，死了以後他們又葬到一起去了。

嬸婆是個例外，她操勞一生，於1991年過世。她也信佛，但是她希望海葬。依照她的遺願，她的兒子張乃昌將她的骨灰撒向了墨西哥灣。

二叔公畢竟是民國元老，他的逝世必定要引起一番震動的。近年來臺灣《傳記文學》刊出一篇文章[註5]，談到消息傳到臺灣後的情況：「1950年9月3日，張靜江在美去世，年74歲。此前，

張、蔣關係冷淡至極，張的生死，早被蔣拋到一旁多年。在臺灣的張靜江女兒張乃琪未敢直接找蔣，而是於4日深夜攜丈夫俞時中趨訪老世伯吳稚暉。吳於次日早6時，以『劉姥姥闖大觀園』的勇氣，敲開蔣府的大門稟告，蔣極為震悼，當日唁電美國慰問，下令褒揚。16日舉行追悼會，親臨主祭，並致祭文。」

到了這時，蔣介石似乎一下子良心發現，忙不迭地發唁電，還匯來喪葬費，在唁電中大放悲聲：「中正患難之交，情誼尤深，靈耗傳來，曷勝悲痛……」臺灣國民黨中央黨部為之特設靈堂公祭，蔣介石親為主持追悼會，親書「痛失導師」的輓幛，又臂佩黑紗，重新上演了一出「哥兒們的深情厚誼」。

朱逸民晚年與孩子們在一起。

據張靜江的帳房李力經先生說[註6]，抗戰勝利時張靜江曾有電報來，囑咐要修理杭州葛嶺上的老房子，有返回祖國之意，可是不知為何未能如願。

現在杭州葛嶺上的張靜江舊居，為杭州市兩個文化單位（西泠印社和美術家協會）使用，房子建在半山腰，山下掛著「張靜江故居」的牌子。上山的路是一條「之」字形的漂亮而寬闊的石級，山頂上聳立著著名的保俶塔。山下的北山路上，有張家的親戚劉錦藻的堅匏別墅和邢鼎丞的抱青別墅，再往下就是美麗的西湖了。

【註釋】

註1：《上海名人名事名物大觀》，熊月之主編，上海人民出版社，2005年

註2：碰巧的是，張南琛夫人席與時的異父姊妹歐陽瑪麗，後來成了斯文先生的第二位太太。

註3：張南琛大學畢業後的第一份工作就是在T.K.LI先生手下工作。他是張叔馴的跑馬朋友。

註4：張叔馴的夫人徐懋倩於1998年過世。

註5：〈蔣介石誄辭說屑〉，安淑萍，（臺灣）《傳記文學》，2005年8月

註6：〈漫談張靜江〉，李力經，上海市政協，《上海文史資料存稿匯編》，2002年

大
風
大
浪
中
的
張
家
軼
事

張氏家族在1937年抗戰爆發之後，基本分成了國內和國外兩大支脈。旅居國外的主要是張靜江一家（大小姐張蕊英和三小姐張芸英留在國內）和張叔馴一家。在這之後，隨著國內局勢的動盪和兩次不同背景的「出國潮」，張家也出現了兩次「出國潮」。

　　一次是1949年前後到二十世紀60年代初期，南號中主要是六小姐張智哉一家、七小姐張湘英一家，他們分別去了美國、加拿大、日本和英國；東號中有張久香一家，張澹如、張讓之的後代，如張藕舫、張緯文、張瑞雲、張珠雲、張通、張華等等，基本都去了美國。第二次是在中國大陸改革開放以後，南號中出國和出境的有張蔥玉的妻子兒女、張芹伯的女兒張琮、張景裴的大女兒張澤玲，他們先後到了美國和香港；東號中張文嘉、張鴻嘉等人去了美國。

　　除此之外的張家人大都留在了中國大陸。

由於眾所周知的原因，這些留在大陸的資產階級的「孝子賢孫」，在後來的生活中是不會受到重用的，甚至被剝奪了進大學讀書的權利，經濟上也越來越拮据，在歷次運動中處境就更艱難。他們精神上和經濟上受到的打擊和折磨，是終生無法忘記的。他們是那一段浩劫的見證人。好在他們絕大多數人都堅強地挺過來了，在最艱苦的日子裏依然保持了自己的尊嚴。

常熟路108弄5號的女人世界

張石銘的繼室夫人徐清卿女士，大概是張家老一輩人中年壽最高的一位。她性情溫文爾雅，對人總是和顏悅色，矛盾面前總是退讓為先。她活到1976年，享年93歲。俗話説「福人高壽」。論年壽她老人家是高壽了，但「福人」卻只實現了一半，因為她後半生遇到了很多麻煩。

張石銘老太爺逝世的那年（1928年）她才40歲出頭，身邊有一兒兩女

張石銘的繼室夫人徐清卿女士

（即張景裴、張湘英、張淑英），年紀都還小。在大家族分家後的近半
個世紀的歲月中，她搬出了石路上的張家老宅，住在靜安寺附近的常
熟路上。最初20年，他們生活得很平靜，因為她和她親生兒子張景裴
名下的產業都由帳房打理，自己並不需費多少事。她是位典型的賢妻
良母，平時與街坊鄰居之間從沒有閒言碎語，每年過年以及到了丈夫
的忌日，她都在自己的寓所掛上老人的畫像，率領各房的子子孫孫，
燒香供祖，禮頂膜拜……

　　但是50年代初，她卻突遭喪子之災，她唯一的兒子張景裴突然有
一天，去了另外一個世界。

常熟路108弄5號的女人世界。前排左二是張石銘的繼室夫人徐清卿；右二（大人）是張景裴
的夫人陳文蔚。

張石銘的小兒子張景裴（乃騆）

那正是鄉間搞土地改革的時候，上海也不平靜，常有各地農村來的幹部，把在當地農村有土地的工商地主，當成土豪劣紳拉回鄉批鬥。淮海路的襄陽公園裏展出了關於土地改革的大幅宣傳資料，外面各種傳言很多，一時形勢很緊張。張景裴名下的確有土地，在常熟據說有3000畝，解放前的確有田租收入，那是其父去世後大家族分家分給他的。但這僅僅是張景裴名下財產的一部分，他大部分財產還是在上海的房地產，以及投資銀行和現代工業的股票。

按照土地改革的政策，張家應當屬於城市工商地主，而不屬於靠田租收入生活的鄉間地主，只需在城裏按照政策參加社會主義工商業改造，不需要到鄉下接受改造的。可是各地幹部執行政策的水平不一樣，一旦運動到來的時候，「左派」的勢力總是比執行政策的「溫和派」要來勢兇猛，以至於那時造成的錯誤，有些到現在都很難糾正。

有一天常熟鄉下來人了，是張家在常熟的帳房先生的妻子，來向張景裴訴

苦，說是她的丈夫因為為張家管帳而被抓起來了，向他描述了鄉間一番可怕的情景。也許這個消息使張景裴感到無路可走了，連帳房先生也被抓起來了，自己大概更跑不了了，於是一「走」了之。

這麼一來，他們家就只剩下了老少三代女人——祖母徐清卿、兒媳陳文蔚，還有一群小丫頭——5個孫女，她們中最大的只有9歲。

在當時的社會氛圍中，她們的壓力是可想而知的，沒有人給予同情，沒有人來關心她們今後的生活，一切都是「罪有應得」。而且，生活拉開了完全嶄新的秩序，很快，家裏帳房和傭人逐步走光了，房地產業都加入了公私合營，經濟上完全依靠每個季度分發的定息，所有這一切，她們都只能努力去適應。

徐清卿晚年最大的安慰，大概就是膝下的5朵金花（五個孫女）一天天長大。

5朵金花的老大張澤玲是5姐妹中最幸運的，她有幸在50年代中期，教育系統中的「左派」勢力還沒有達到「超級膨脹」的時候，就考進了大學，在上海師範大學化學系（後來歸入華東師大化學系）讀書。她從小就聰明伶俐，喜歡文藝活動，很討老師喜歡，讀小學時還是正志小學（解放前是中共地下黨的活動基地）的文藝骨幹，唱歌跳舞、上街扭秧歌樣樣積極參加。

但是自從父親出了事，她的精神受到很大打擊。一個沒有父親的女孩，總是覺得在人前抬不起頭來。她那時並不知道父親的難處，只覺得「出身不好」是命中劫難，像一個巨大的十字架壓在頭上。儘管這樣，她還是考上了大學，接受了高等教育，有了一個體面的職業，更幸運的是，她在大學畢業不久，就建立了一個幸福的家庭。丈夫李

安椿是她小學和中學的同學，和她一樣是文藝骨幹，學生中的活躍分子。

好在當時中小學裏的老師並沒有歧視這5個小姐妹，而是給予了最大可能的關心和愛護。但是等張澤玲的妹妹們到了考大學的年齡時，社會上極左思潮已經占了上風，教育界也不能倖免，她們一個個雖然讀書成績很好，在學校裏表現也都很突出，但都被剝奪了讀大學的機會。這給她們的人生留下了巨大的遺憾。

到了十年浩劫的時候，災難就鋪天蓋地了。造反派搶佔了她們的住房，讓她們全家擠到三樓去住，把底層和二樓的房間安排了其他住戶。原本一家人住的地方，擠進了7戶人家。這還不算，徐清卿那時已經是80歲的老人了，也被勒令批鬥、去里弄裏掃街，美其名曰「改造思想」。這時候，當媳婦的陳文蔚看不下去了，主動代替婆婆前去挨鬥，頂著烈日去掃街……

她們祖孫三代在巨大的精神壓力下，互相關心，互相安慰，堅強地生活

張景裘的5朵金花。前排右起：張澤玲、張澤璟、張澤瑁；後排右起張澤琪、張澤璿

著。徐清卿老人在媳婦陳文蔚的細心照料下活到了93歲高齡。五個小姐妹克服困難，奮發自強，終於盼來了改革開放的一天。

張微在展覽會上突然發現母親的遺物

張微是張蔥玉的妹妹，與張湘英、張穎初年齡一樣大，她們從小都在石路大宅院中生活，在進入學校之前，也是由同一個女教師（*海寧陳閣老的後代陳德和*）輔導讀書的同窗。搬出大宅院後，張微和張湘英在中西女中（*現市三女中*），張穎初讀啟明女中（*與東號的張乃玉等同學*）。

張微的親生母親叫邢珊文（*是邢定的姐姐*），生父叫李福基（*李澤民，蘇州人，清末著名洋務幹將李維格的侄子*）。她生下來7個月被過繼給自己的姨媽邢定（*原名邢定文*），成了張家的女兒。關於這個過繼女兒的原因，說來還很有故事。

邢家小姐共有4個姐妹，邢珊文是老三，邢定最小，行四。當初邢珊文被許配給南潯小蓮莊劉家的一個公子，誰知那位公子身體不好，年僅17歲就患病去世了，邢珊文一下子沒有了「去向」，一拖就拖成了老小姐。有一年邢定過生日（*5月13日*），大家都在張家石路的大宅院裏吃長壽麵，老老少少歡聚一堂，邢家姐妹也都來了。誰知正在酒酣耳熱之時，門外有人來報信了，竟是報來一個噩耗──邢定的丈夫張乃驊不幸溺水身亡！

邢定原本生過一個女兒，可惜僅40天就夭折了。現在又失去了丈夫，而且是在自己生日這天發生的事，兒子張蔥玉只有4歲……邢定

張微、賈俊昌結婚照

一下子無法接受這個事實，哭得死去活來。當姐姐的邢珊文看了心疼妹妹，就安慰她說：「我以後要麼不結婚，如果結婚生個女兒，第一個就過繼給你！」邢定非常當真，把這話記住了。

幾年後邢珊文真的出閣了，嫁了個比她大12歲的如意郎君李福基。李福基自幼在他叔叔李維格的指導下讀書，是留學英國和德國的洋博士，讀了物理又讀礦業，回國時已經40歲了，大有討不到老婆之虞。恰巧邢珊文的大姐夫在國外讀書時認識了李福基，知他才學甚高，是礦業專業的好手，就向他推薦他那尚在閨閣的小姨子邢珊文。兩人在北京見面，一見鍾情，不久就在上海漢冶萍公司俱樂部結了婚。之所以在漢冶萍公司的俱樂部結婚，是因為李家全家都與漢冶萍公司有極深的關係。李福基的叔叔李維格是晚清重臣盛宣懷的得力助手，盛氏辦南洋公學時推李維格出任校長，盛氏辦漢冶萍公司時，李維格又出任總辦。這期間，他把自己的兩個侄子都培養成了礦業專家，在萍鄉煤礦任

職。中國共產黨在安源煤礦領導工人鬧罷工的時候，李福基兄弟正在礦下，是得到工人兄弟的幫助躲上煤船，才得以逃生的。

有趣的是邢珊文與李福基婚後的第一個孩子果真是個女孩，邢定於是舊事重提，要求過繼給她。這時的李福基已經42歲了，過去老式家庭的爺兒們在這個年齡都可以當爺爺了，他才剛剛開始當父親，自然捨不得把女兒送走。那時張石銘老太爺還活著，自然是同情四兒媳，幫著兒媳說話，要邢珊文夫婦說話算數。於是，他們的女兒就非過繼不可了，於是李家的小毛頭就成了張微。

邢定年青守寡，非常喜歡女孩子，張微來了之後，真的視如己出，關懷備至。在後來的日子裏，兒子張蔥玉整天在社會上活動，在家的時候也是朋友不斷，邢定平時就由女兒張微陪伴，生活也其樂融融。[註1]

解放初，邢定老人跟兒子張蔥玉到北京生活了，張微那時已經成家，婆家是浙江上虞富商賈家，就留在了上海，

張微的生母邢珊文

張微的生父李福基（右）與他的叔叔、
晚清洋務幹將李維格

但是母親臨行還是留了不少東西給她，其中包括一隻非常精美的西洋鐘，那是當年邢定嫁到張家來時，娘家給的嫁妝之一。邢定老人的父親邢穗軒也是南潯著名富商，曾經出國做進出口貿易，陸續從國外帶回四個形制各異的漂亮的西洋鐘，類似北京故宮鐘錶館裏陳列的那些鐘錶，作為給女兒的陪嫁之一，一個女兒一個。邢定得到的那個外殼是法琅的，五顏六色，有的地方還度了金，鐘的門臉鑲了一圈鑽石，非常華麗、珍貴，外面有一個很大的玻璃罩，把整個鐘都罩在裏面。

誰知到了十年浩劫時，這只在張家「居住」了半個多世紀的西洋鐘，也被趕出了家門，成了造反派的戰利品，從此不知去向。

70年代末期（已經粉碎了「四人幫」），有一次有關單位在上海工業展覽館舉行古董禮品拍賣會，張微獲得機會前去參觀。令她驚奇的是，她一眼看見了那個熟悉的、從小看到大、像是自家人一樣的西洋鐘，當時的標價是

7500元。張微當即向有關部門提出要求歸還，並且很快提供了抄家時此鐘被抄走的情況證明。那個單位對此事還是很重視的，立馬進行了調查，證實這個鐘的確是從張微家抄走的，於是請示了領導，作出了處理決定。

問題是這個「處理決定」實在太富戲劇性了，該部門不肯把鐘錶物歸原主，只是說要買下來。問題是只給了400元人民幣，就算了事了！

所以直到現在，張家後代都盼望著，最好在哪個藝術品拍賣會上能再次看見這個法郎鐘的倩影，一旦出現，無論多少錢，他們定要把它捧回家！註2

「命」中要生13個娃娃的張乃申

張乃申是張靜江最小的弟弟張鏡芙的「5朵金花」之一。這「5朵金花」命運都很坎坷。大姐張乃琇嫁一香港人，年紀輕輕竟死在香港；二姐張乃玉，嫁個丈夫是騙子，被活活氣死；三姐張乃琬，中西女中畢業後考入英國泰晤士報上海記者站當記者，後與該社主任、菲律賓人凱西努結婚後出國，久無音訊；四小姐即張乃申；五小姐張乃瑚，浙江大學畢業，丈夫是號稱「復旦才子」的有志青年。抗戰中他們雙雙奔赴大後方，在重慶乘船渡江時，卻不料輪船觸礁沉沒，兩夫妻竟同時遇難。

這「五朵金花」的母親也命苦，36歲時就病逝了。五姐妹中現在只有老四張乃申在世，86歲了仍很健朗。七房的4個兒子情況都好，

都受過高等教育，張乃乾還入了黨，是上海煤炭研究所的高級工程師。

且說四小姐張乃申，一生亦坎坷備至，「死神」光臨了好幾次，都被她頂了回去。她是生命的強者。她的一生，實為一曲強者的讚歌。

她的生母是南潯「八牛」之一的周家周慶雲（湘舲）的十一妹。因周家六小姐周六和婚後無小孩，而十一小姐已接連生了3個女孩了，第四個又是女孩，所以第3天就抱了過去。姨父俞則民就成了父親，所以她又叫俞嶺梅。她小時候日子過得很開心，周日常去外公家玩。外公家住在鳳陽路上，花園裏有大假山，樓上有佛堂，每逢喜慶佳節，就有許多人來院子裏搭台唱戲，熱鬧非凡。她每年暑假都上莫干山，因為父親俞則民是莫干山管理局的局長。

有一年她和表姐邱鍾秀一起在莫干山度假，路過一座破廟時，大家都請老和尚算命，說是算得極準。老和尚每算一命要5角錢。輪到乃申時，老和尚伸手要1塊錢，而且只看了她一眼即說：

張乃申（俞嶺梅）、錢定華夫婦

「命中要生13個娃娃！」氣得乃申罵他「胡說」！。輪到她表姐時老和尚又買「關子」了，要5塊錢才肯算。結果給了他3塊錢，才勉強吐了一句「大富大貴」。後來也巧，邱表姐嫁了中南銀行老闆的兒子黃仲傑，到新加坡享福去了。而「命」中13個娃娃的張乃申，只完成了任務的一半，生了7個孩子，在四川、雲南、貴州一帶苦鬥了幾十年。

晚年張乃申

她17歲讀高中時，與筧橋航校畢業的飛行員錢定華訂了婚。不久抗戰爆發，飛行員時刻準備上戰場。父母心痛女兒，堅決不允這門婚事。而青年人熱血沸騰，認為為抗戰獻身無上光榮。她的母親勸她：「錢家是貴州人，貴州地方天無三日晴，地無三里平，人無三分銀呀，去了要受苦的！」而張乃申鐵心美人嫁英雄，毅然跟部隊撤到大後方重慶，在貴陽結婚後又隨軍去昆明。有一段時間丈夫在修機場，辦運輸，訓練新兵，她帶著孩子一天數次跑警報，艱苦備至，抗戰勝利後他們安家在貴陽。

1948年丈夫退伍回家，實指望能過幾天安定日子了，誰知卻因當過國民黨空軍的後勤官，成了歷史反革命了，前後10年牢獄生涯，完全喪失了健康。而他們是擁有7個孩子的父母呀，一家9口人怎麼過？面對殘酷的現實，張乃申爆發了驚人的勇氣，她決定辦個牛奶場，養活全家！

　　辦牛奶場要買奶牛，貴州只有黔西苗族人聚集的山寨有奶牛。她帶了一個幫手（蔣世福，15歲時是丈夫的勤務兵，退伍後無家可歸，就跟來了貴州）跋涉兩天，來到黔西沙窩鎮。要買牛先要見頭人，頭人若不同意，一頭牛也甭想買到。而拜見頭人時，二話未說先叫你喝兩碗「甜酒」（其實苦得很）。頭人見你爽快地喝下肚子，才跟你講條件。好在張乃申早已打聽好了苗族人的規矩，幾道關都通過了，又送上幾瓶眼藥水（當地流行紅眼病），頭人很高興，立即令人敲鑼，家家戶戶都把牛牽出來了。她挑了十幾頭牛，在苗寨住了兩三天，備好草料，兩個人趕著牛往回走。來時有一多半的路程可乘車，所以兩天就到了。而回去要趕著牛走，而且有路走路，遇河淌河，走了一個多星期才到家。從此她與奶牛打了一輩子交道。1956年公私合營時進了陽關農場，直到1979年退休。

　　張家的千金小姐成了牛倌，這是她無論如何也不曾想到的。生活上的艱苦倒還在其次，更令人受不了的是政治上的重壓。1957年她莫名其妙地成了右派，小會批，大會鬥，沒完沒了。她想不通，真想一死了之。而一想到自己的7個孩子，只好硬著頭皮堅持活下去。「文革」中她和孩子遭到更多的苦難，被趕出貴陽市，來到貴州和四川交界的大山溝裏。那地方叫畢節縣，走出幾十里才有一個小村莊，一天

的工分才幾分錢。兒子想不通，一時精神錯亂……

改革開放之後，張乃申一家的生活逐漸走上正軌，四兒子錢宏誠還成了貴州有名的企業家。她深有感慨地說：「還是善有善報，惡有惡報。你看，我現在活得好好的，而『文革』中打我、罵我，迫害我的那些造反派，我眼看著他們一個個都死掉了！」註3

其實張家有不少人在「文革」中都是吃了苦頭的，有的被多次抄家，有的被掃地出門，有的下放勞動，好在他們畢竟見多識廣，心胸豁達，能夠冷靜而明智地對待世事滄桑。改革開放以後，他們的聰明才智又被喚醒了。現在不需要刻意統計就可以明白，張家後代中的科技人員已經成了堆。

張乃騤的後代在南潯懿德堂老宅。前排左起：張澤瑛、張澤琇、黃勤；後排左起：童立德（南潯文物所的幹部）、黃耀良、張澤珪、艾廉鉞

【註釋】

註1：宋路霞採訪筆記：2005年1月6日採訪張微女士於上海管弄新村

註2：《祖母的鐘》（稿本），張貽文，2005年

註3：宋路霞採訪筆記：2002年8月5日採訪張乃申（俞嶺梅）於貴陽市貴惠路

美國西海岸一群快樂的勇敢者

美國新墨西哥州聖達菲市的郊外，一片充滿綠葉芬芳的草地上，座落著一溜房屋，那裏有住宅、作坊、農場和花圃，看上去既有城市的高雅，也有鄉間的閒適，好像一個小小的「張村」──張靜江的幾個後代張乃昌、張乃理、張乃珣和周淑景（張靜江的外孫女）以及他們的後代，都住在那裏。

當然，他們僅僅是生活在美國的張家人的一小部分，用一個形象的概念來說，廣義的「張村」還應當包括，住在三藩市、洛杉磯、以及整個加州範圍內的張南琛夫婦、張蔥玉的夫人顧湄，及其兒女張貽文、張貽爻、張靜江最大的外孫女周孟慈、張智哉的女兒徐景淑、張久香的女兒張乃瑾……以及他們的家人，前幾年還有張乃辛、張乃庚、張藕舫、張通。他們不是有意地聚居在美國西部，而是不知不覺地陸續來到陽光明媚、

綠海金灘的西海岸，也許西部的自然風光和風土人情，更適合他們的心性。自然，他們還不是居住在美國的張家人的全部，在美國東部、中部、北部，以及加拿大，都有張家人的身影。從張靜江、張叔馴等人抗戰初期來美國算起，張家在美國已經生活了五代人。

張家常有不同凡響之處。張家人的生活中，除了一般家庭所重視的讀書、家庭、事業，還有幾個突出的特色：運動、冒險、尋求快樂。

從張南琛先生保留的大量照片，以及張乃昌先生幾十年間，用小型電影攝影機陸續拍攝的內容看，運動和旅遊是他們業餘生活的主旋律。他們的遊蹤遍佈世界各地，近到自己駕車可以深入的山區和原始

在張南琛（左一）、席與時（前排左三）的大兒子張貽仁（後排左六）、SUSAN的婚禮上，親戚們歡聚一堂。

森林，遠到中國的西藏高原和中東兩河流域，甚至踏上南極大陸。都市巨埠之外，他們似乎更醉心於原始的、人跡罕至的自然遺存，那裏無疑更具探險意味的挑戰。於是他們經常結伴而行，照片的背景就常出現雪山、高原和峽谷。

　　張南琛先生一家祖孫三代，曾乘上豪華郵輪來到加拿大北部的冰川邊緣，一睹冰川入海的天下奇觀，再乘上直升飛機沿冰川的走向上溯，去俯視那片，人類尚無法征服的冰雪世界……張南琛和他的女兒女婿張貽倫、顧智銘，還曾勇敢地前往南極大陸。他們從三藩市乘飛機到佛羅里達州的邁阿密，再飛到智利的首都聖地牙哥過一夜，然後飛到阿根廷的最南部，跟一個旅行團的人匯合後上船。在船過麥哲倫

張南琛一家三代人夏天在溫哥華度假

海峽的時候，他們遇到了難以想像的狂風巨浪，他們乘坐的船一會兒被浪頭掀上峰頂，一會兒又被拋入穀底……經過48個小時艱苦而緊張的搏鬥，他們終於到達了充滿傳奇的南極大陸。他們從大船上下來，換乘小小的橡皮船，登上亘古的冰山，在那裏面對幾萬隻紳士般的企鵝，還參觀了美國設在南極的科學考察站。遠遠望去還有中國的科學考察站。在南極能看到來自故鄉中國的身影，真的是天涯若比鄰，不由得生出諸多感慨。他們在南極呆了五天，一周多以後回到他們在三藩市的家，算算行程，來回大約28000公里。這大概是他們最大膽的一次冒險。

張澤璉（張南琛的弟弟）的冒險精神也絕不含糊。他從報紙上看到，法國一個地方發現了一種稀有礦物質，是地球上僅有的一種物質，於是決定單槍匹馬去尋找。那時他正在部隊服兵役，正好輪到他有兩個星期的年假，他就買來了類似阿波羅登月穿的羽絨服和圓形帽子，備好氧氣袋和防毒面具，懷揣著那

快樂的大兵張澤璉
（在美國服兵役）

張報紙，一個人「探礦」去了。以至於他所到的那個山頭下面的村民們，以為來了外星人！結果報紙上登的礦藏還沒找到，他本人已經被登上了當地的報紙，回到紐約後發現，紐約的報紙上也刊出了他「探礦」英姿……儘管現在他已經80多歲了，但他的自由意識和青春細胞還是很活躍，過著無憂無慮、豐富多彩的生活。一旦有空閒的時候，他就沉湎於中國象棋、釣魚和鋼琴中。他還是一位鋼琴天才，沒有經過正規培訓，全靠他特有的悟性和創造力，每到夜晚，紐約市很多頂級大飯店的豪華大堂裏，人們常常可以看見他的身影。他彈奏著他那即興的鋼琴曲，如癡如醉，與客同樂。

張貽倫曾從北京為老爸買了一個長達90節的蜈蚣造型的巨大風箏，用大紙箱快遞到美國，原本是給老爸找樂子，卻碰上了美國一個全國性的風箏比賽。結果張南琛、席與時夫婦與小兒子張貽智三人，抬著他們巨大的蜈蚣，乘火車到華盛頓，激情參與！他們的風箏不是一個人能夠放飛的，而要三、五個人抬起來一起合作才能送上天。比賽下來，他們雖然沒有榮登那場賽事的榜首，但是論塊頭，他們的蜈蚣卻是全美最大的一個！

他們經常有家族間的聚會，若是有親戚朋友從中國大陸來，他們就會爭相宴請，餐桌還是流行「上海閒話」。這種家族的聚會和旅行，每次都使他們倍感親切、精神煥發。

他們的運動包括溜冰、滑雪、游泳、船模、衝浪、網球、足球、跳舞（國際標準舞）、競走、馬拉松長跑。現在從張乃昌先生拍攝的「小電影」上可以看到，他們從小就喜歡成團成夥地去滑雪、溜冰、游泳、打球，一個個你追我趕，朝氣蓬勃，還大人孩子一起蜂擁到河

邊放船模，精彩的時候大家一起歡呼雀躍，全然看不到痛苦地做功課的場景。

　　由於常年的運動，張家人大多都保持了勻稱的身材，張乃昌80多歲時，還保持了很好的「舞蹈身段」（他從小學習舞蹈，當過領舞），並把舞蹈動作巧妙地融彙到花樣滑冰中去，因此在他參加美國老年人花樣滑冰比賽時，他的動作比別人多了很多「芭蕾味道」，榮獲第三名。

　　年輕人喜歡帆船和衝浪，張乃琛的兒子榮亮從中學時就愛好帆船，他的父母支持他，使他擁有好多條帆船，有一次甚至揚帆到了加勒比海……

　　他們的船模情結已有70多年歷史，至今還在延續。如今85歲的張南琛先生家裏，不僅有抗戰前，原江南造船廠的總工程師摩根先生送

張家東號在美國合影

的帆船模型，還有小火車模型，還有正在安裝的電動船模。張乃昌先生家裏則有一個「工廠間」，大小車床、銑床、刨床，一應齊全，全是用來對付那些各式模型和金屬藝術品的。他喜歡自己動手，樣樣喜歡與眾不同，樣樣工具都玩兒得轉……

當然，張家人不是光會玩兒，他們更擅長的還是工作。

「成筐成簍」的各類專業技術人員

熟悉張氏家族的人都說張家人聰明，因為他們中出類拔萃的人的確不少，其中還不乏高科技領域的科研人員。隨便舉幾個例子即可看出陣容：

張乃昌是航太工業控制系統的專家，數十年間始終服務於美國SPERRY RAND公司，負責設計航太儀錶中的羅盤，卓有成就。

張南琛是麻省理工大學化工專業的研究生，後來幾十年間涉足金融業竟身手不凡，他是知名的期貨專家，在著名的史密斯信託公司（SOLOMON SMITH BARNEY COMPANY）工作30年後，自己也成了一家金融投資代理公司（CHANG CROWELL MANAGEMENT COMPANY）的老總。

張乃琛是學化學專業的，在Sloan Kettering癌症研究所工作了很多年，發表了很多論文，還是一位抽象派畫家。

張緯雲是美籍華人中著名的女數學家。

張藕方是麻省理工大學電氣工程碩士，1949年後曾擔任米尼蘇達大學、Tulane大學、Arkansas大學、密西西比大學教授，直到退休。

張石銘靜江家族

青年時代的張乃辛聰明絕頂

據說他腦筋極好使，幾十次的開方都可以心算，圓周率可以背到多少多少位以後⋯⋯

張乃辛也是張家的傳奇人物。他原是華盛州大學新聞系的畢業生，當過記者，還在西北航空公司做過公關工作，可是命運的安排，讓他成了一位傑出的股票經紀人和投資者。他曾在美國排名前五名的大股票公司擔任經紀人。前些年海灣戰爭爆發時，人家都急於拋出股票，而他偏偏買進股票；戰爭驟然結束後，他的股票飛漲！他像他的祖先張頌賢老太爺一樣，一夜間發了大財。可惜他沒有家室，所遺巨額遺產就分別建立了兩個基金會，其中一小部分設立了一個家庭幫困基金會；絕大部分用來設立了一個慈善教育基金會，用來資助那些有志成才，但經濟困難的優秀青年。這個慈善教育基金會每年資助中國大陸的學生金額達100多萬元人民幣，僅上海交大每年有4000學生受益。

張家還有一位被稱為天才的張通，絕頂聰明，16歲就大學畢業了，獲得

化學工程碩士學位後，又在芝加哥大學獲得化學博士學位。他供職於阿爾貢國家實驗室9年、美國國家標準局（現為NISC）兩年，之後在霍華德大學任物理學教授。他卓越、慈愛而富有耐心，拒絕退休，樂於在學校上大課。外系的學生會來討教於他，教授同仁們也會在上課之前找他討論問題。他能在得到通知10分鐘後跨入課堂，代替他缺席的同事發表演講。他熱愛並且擅長他所做的工作，出版了100餘篇學術論文，還是兩種高等教育專業教材的作者。

張乃昌、ROSE夫婦

張家有幾位外孫也非常優秀：張靜江的二小姐張芷英的兒子周世經，是位優秀的電腦工程師，他發明了電腦中到現在還不能缺少的FLOPPY DISK COMPUTER MEMORY，在美國華盛頓國立SMITHSONIAN博物館的櫥窗裏，至今還展覽著他的標本。

張南琛（後排中）和他的同事們

張湘英的女兒吳藹達初為加拿大溫哥華一家著名會計事務所的註冊會計師，1985年加入加拿大BC省的AUDITOR GENERAL工作，現已成為

那裏的總裁。

張讓之的外孫女（Kai-Ling Chen）在賓夕法尼亞州立大學獲得數學學士學位，後來又在紐約大學取得了工業工程學／電腦科學的碩士學位。她原來一直是電腦軟體的開發人員，後來做了許多年獨立的軟體質量認證顧問。

張讓之還有一個外孫（Hai-Tek Chen），在Cornell大學取得電機工程學的學士學位，在麻省理工取得同一學科的碩士學位，又在賓夕法尼亞大學取得博士學位。他是賓夕法尼亞大學東南分校的放射學專家。

張乃莊有4個孩子，有3個是子承父業當醫生，都在美國著名醫院任職，他們是樂嘉裕、樂嘉馨、樂嘉正。其中樂嘉裕是著名的腸胃學專家，於醫療、教學、研究三方面均有突出成績，在美國醫學界很有名氣。他2003年退休時，當地的州長還特地寫信對他數十年來的貢獻表示感謝。

張南琛的女兒張貽倫是雙份兒的法律博士，她在美國一所著名大學獲得了

張湘英、吳世植夫婦在加拿大安度晚年。

法律博士學位後，又在北京中國人民大學獲得了法律博士學位，在法律界任職多年，因此在中美比較法律學方面擁有相當的發言權。她的弟弟張貽仁、張貽智是建築和金融方面的人才，在各自的崗位上作出了突出的成績。

……

活躍在中國大陸的科技人員也不少，他們中年齡最大、成就最卓著的是張乃鳳先生。他是中國土壤肥料學科的開創人，中國科學院土壤肥料研究所的老所長，老教授，多年來帶領學生艱苦奮鬥在農業科研的第一線，享年103歲，桃李遍天下，為改變中國農村的落後面貌，實現農業現代化作出了突出貢獻，曾獲國家科技進步二等獎、三

張南琛、席與時的小兒子張貽智、MICHELE的婚禮。

等獎。他的兒子張寧先生子承父志，也是國家農科院土肥研究所的研究員。

張乃鳳的小弟弟張乃麟（四維）先生也是科研人員，上海交大畢業，是上海醫藥研究院的研究員，長期從事新型抗菌素的研究工作，是這一領域的專家。

張乃莊的二女兒樂嘉銘1950年上海交大管理學院財務管理系畢業，幾年後就擔任了總會計師和財務科長，長期從事財務管理工作，是解放後評定的第一批高級會計師，多次被評為先進工作者。

張澹如的小兒子張振飛是電化學專家，還是張家創辦的大綸冶煉廠的廠長。

張澤琦畢業於上海交大，是超聲波領域的專家，高級工程師，有多項發明創造，其中二項獲得全國科學大會獎，是上海市1955、1956、1960、1961、1978、1979年的勞動模範，獲先進工作者稱號，還是電子工業部的模範標兵。

張乃乾上海交大畢業，是上海煤礦設計院的高級工程師，他的兒子張旗是紡織機械工程師。

張乃開上海財經學院畢業，是高級經濟師。

張芸英的小兒子陳鵬是北京汽車製造廠的汽車工藝設計工程師，二十世紀60年代街上行駛的許多車型的外殼，都是出於他的設計。

張澤珪上海機械學校畢業，是國家第一機械工業部的高級工程師，長期從事化工、石化和核工業用壓力容器的加工工藝設計。

張澤琇大連工學院化學工程系畢業，是國家化工部的高級工程師，主要從事礦物加工的研究。

張乃鷳是上海天和電容器廠的總工程師。

張乃雄是建築設計師。

張乃琮是礦業專家。

……

濛濛細雨中的尋根之旅

大陸改革開放以後，回國探親的華僑越來越多了。

張家最早踏上故土的是張南琛、席與時夫婦。他們在粉碎「四人幫」的1976年就來了，那時距離他們離開上海已近40年。那時的政治環境自然不能與現在相比，「四人幫」的罪行還沒有清算，「左」的餘毒還沒有開始清除。他們是戰戰兢兢地、悄悄地回到上海的，權當又一次探險。

廣東路上一個老古玩商，無意中跟他們聊起了當年的「張老七」（張南琛的父親張叔馴），顯然是當年的熟人，他們竟不敢承認自己就是「張老七」的兒子兒媳；當他們參觀博物館錢幣館時，工作人員告訴他們，館內最好的藏品是古錢大王張叔馴的舊藏，他們怦然心跳，但也不敢承認自己就是錢幣大王的後代，只求看一眼舊物，以慰思念之情而已。他們還來到東平路1號（就是飲譽上海灘的席家花園酒家旗艦店，當時小樓裏一片狼藉，成了一家製作戲劇道具的工廠，當年是席與時的家，她的父親是房主席德柄），他們不過是想看一看舊屋，卻遇到了一幫孩子的嘲弄，把他們當成了日本人……

後來隨著形勢的好轉，尤其是改革開放政策的實施，他們可以大膽地、成團結夥地「少小離家老大回」了。1981年，他們夫婦帶著女兒張貽倫、大兒子張貽仁回國遊歷，在北京，他們還訪問了一般旅遊者不會造訪的中國人民大學，在「文革」遺留的巨型毛澤東塑像前留影。

1993年，張南琛夫婦帶著他們的3個孩子張貽倫、張貽仁和張貽智，以及兩個洋媳婦來到上海，找到了他家當年在霞飛路上的老房子（即那座占地27畝地的大花園），儘管已經風光不再，花園縮小了很多，而且房子已歸上海交響樂團，他們還是獲得了一種尋根的滿足。那次他們還來到南潯老家的懿德堂大宅院，面對巍峨的張家門牆，幾個孩子極其震驚地長大了嘴巴——張家的「根」居然如此闊綽啊！

2003年，杭州市要重新舉辦「西湖博覽會」了。受浙江省和杭州市有關部門的邀請，張乃昌、張乃理、張乃琛、張澤斌、周淑景、榮亮一行，

1981年在中國人民大學。右起：席與時、張南琛、張貽仁、張貽倫。

從美國飛抵上海，他們與上海的堂房兄弟姐妹張乃乾、張乃麟、張瑋雲等一起，先去探訪了思南路上的老房子，儘管已是七十二家房客，畢竟舊宅難忘。他們又受邀來到杭州，受到熱情的款待，站在當年西湖博覽會舊址門前合影留念，還登上葛嶺，重新眺望久違了的西湖美景……他們至今念記那次旅行，稱之為一次奇妙的旅行。

2005年秋天，張南琛、席與時夫婦再次來到上海，他們這次的目標，一是要落實張氏家族一書的寫作計畫，二是要進一步尋訪先人們留下的遺物和遺跡，包括張石銘的墓地。

為此，他們先來到杭州，在美麗的西湖邊的西泠印社，瞻仰了祖父張石銘當年留下的筆跡——有的刻在路邊山石上，如「閒泉」兩個

2003年秋天，張家後代應邀參加新時期的西湖博覽會。左起：張乃乾、張瑋雲、周淑景、張澤斌、張乃理、張乃琛（前排）；張乃昌（右四）。

大字；有的刻在泉邊的一面山牆上，如〈閒泉記〉全文；有的是一塊扁額，除了「涼亭」兩個大字外，上面還記錄了這個涼亭的來歷（西泠印社的史料說明，這個涼亭是張石銘出資捐建的，閒泉也是張石銘出資開鑿的）；還有一副對聯，刻在「漢三老人石屋」的柱子上。

接著他們又來到浙江省博物館，在館領導的陪同下參觀了該館的「馬定祥中國錢幣研究中心」。在當年馬定祥先生的收藏品中，找到了其父張叔馴的藏泉拓片。這些拓片雖然薄如蟬翼，但拓制得非常清楚，有不少上面鈐了張叔馴的收藏章，如「乃驥藏泉」、「叔馴手拓」、「張驥藏泉」等等。

1986年，張家東號的張瑞雲（前居中）、陳祖光（前右二）從美國回滬探親，眾親戚又歡聚在一起。

　　最後一個節目是到故鄉南潯，去尋找祖父張石銘的墓地。

　　這可是一個不大不小的難題，因為張家無論是在大陸的還是在海外的老人，誰都講不清這個墓地的具體方位了，南潯的鄉鎮幹部和文物保管所的幹部也都不曾聽說過。這也難怪，因為張石銘是1928年逝世的，1931年下葬，距今已經70多年過去了，況且經過十年浩劫，故家舊族的墳塚墓園早已成為「革命」的對象，能鏟平的早就鏟平了，實在無法平掉的最多像座廢棄了的古堡，被扔在一邊，不再引人注意。於是只好在南潯鎮上漫無目標地打聽，希望能從民間獲得一點線索。

2005年秋天，張南琛、席與時夫婦終於找到了祖父張石銘的墓地。

在故鄉的時間總是過得飛快，一晃三天過去了，「目標」仍是沒有出現，而天已經下起了濛濛細雨，道路泥濘，無奈之餘，只好準備第四天一早打道回滬。

誰知這個時候卻出現了一絲轉機——南潯鎮的老鎮委書記朱倍得夫婦得知他們要回去了，熱情地請他們在一家飯館晚宴，談話間他們又念叨起祖父的墓地。朱書記的夫人楊央花老師和辦公室主任羅華女士說，不妨問問飯店的老闆，他是老南潯。問下來，那老闆居然說知道這件事！真的是「踏破鐵鞋無覓處，得來全不費工夫」，說是就在鎮西30里路外的直港村！還說那村邊有一條河，他過去常去河邊釣魚，所以知道河邊那個「古堡」是張石銘的墳塚，但是已經在「文革」中被造反派破壞了。

破壞了也要去看！哪怕有一丁點兒遺跡也要去看！

恰巧朱書記的公司裏有一位楊紅霞小姐，她的舅舅正住在那個村，那麼就立馬打電話聯繫好，請他來帶路。

第二天一早，楊小姐的舅舅開著摩托車在前面帶路，後面一行人乘一輛麵包車緊跟。車子一前一後，穿過許多車水馬龍的大小馬路，急急前行。可是不曉得怎麼搞得，當前面的摩托車在一個地方停下來的時候，楊小姐發現，那位車手並不是她舅舅，特意請來的領路人一下子弄「丟了」！車上人一片譁然。這個插曲不知意味著什麼，似乎更增加了尋訪墓地的神秘性。

當楊小姐用手機與舅舅再次聯繫上，雨下得更大了。

無論如何，張石銘那高大的、滿目創傷的墓廬總算呈現在眼前了！

　　儘管已經是座空穴，墓廬被造反派用炸藥炸了一個大洞，但當年的氣勢還在——高3、5米，寬10米、深8米，占地約10畝。墓前墓後當年的樹林已變成了菜地，有一條寬闊的河從墓前緩緩流過……

　　令人感動的是，當年的護墳人的後代（墳親的孫媳婦諸彩鳳老人）現在仍舊住在墳地的附近，離墓廬不過幾十米遠，她還能回憶起張家人最後一次來上墳的情景，甚至能叫出他們的名字。

　　張南琛、席與時夫婦動情地與墳親們合影，靜靜地聽他們講述許多過去的事情，向他們致謝，說是現在年紀大了，以後很難再來了，這次總算找到了祖父的墓地，等於見了一面，上了一次墳，感到安慰了。

　　離墓廬不遠的村頭東邊，是一條常見的鄉間公路。公路通向筆直的318國道，沿國道一直向東，盡頭就是大上海了，而上海的空中航線連接著太平洋那頭的「張村」……幾天後，他們在上海騰空而起，為大洋彼岸的親友，帶去了家鄉新的消息。

　　兩年後的2007年8月，張石銘墓地又傳來新的消息——當地政府規劃建設新農村，一條新的柏油馬路將從這片墓地穿過。按照現有的殯葬制度，墳塚都要集中到南潯陵園（公墓）中去。於是張家墳親著急了，跑到南潯懿德堂報信，懿德堂的負責人又轉告正在北京的張貽交先生。張貽交冒著38度的酷暑趕到南潯，在鄉親們的指點和幫助下，終於在墓地附近地下的一米深處，找到了曾祖父和曾祖母的遺骸。他將老人的遺骸裝入兩個特製的骨灰盒，暫時寄存在南潯陵園。待2008年南潯鎮規劃的一個占地100多畝的新陵園落成後，再在新陵園裏重新安葬。至時，新陵園裏將出現一個「張園」——張家祖先的墓群。

　　張石銘夫婦的遺骸終於找到的消息當天就傳到了美國，久候在電

張石銘
靜江家族

話機旁邊的張家子孫無不歡呼起來，因為他們知道，這是一件非常不容易的事情——張石銘逝世已經80年了，這個墳塚被造反派破壞也已40年了。當初造反派搶走了墓中的殉葬品，把老人的屍體隨意丟棄在河邊，是墳親和村民暗中掩埋的。現在村民指認的只是個大致方位。在這種情況下能發掘成功，實在是上蒼保佑！

從南潯小鎮到北美洲，中間隔著一個太平洋，時間跨越了一個半世紀。張頌賢、張寶慶、張寶善、張石銘、張靜江、張澹如、張墨耕、張叔馴、張乃燕、張荔英、張乃鳳、張蔥玉……一個個有鮮明個性的人物，如今都已成為史書中的名字，但是張家的血脈仍在延伸。從發家的「大象」張頌賢算起，已經延續了七代人。

歲月滄桑，人世浮沉，蒼穹之下，東方西方……

如今這個家族仍在繼續著他們的歷史——一個中國江南大宅門闖蕩世界的精彩傳奇。

張南琛先生全家敬立的張石銘先生銅像。

附錄一　南潯張氏家族世系表

表一：總表

張頌賢—————（南號）：張寶慶 ————— 張鈞衡 ————— 張乃熊
1817－1892　　　　　1846－1922　　　1871－1928　　　張乃驊
（字竹齋）　　　（字質甫，夫人桂氏）（字石銘，夫人徐咸安；徐清卿）張智哉
　　　　　　　　　　　　　　　　　　　　　　　　　　　（女）
　　　　　　　　　　　　　　　　　　　　　　　　　　　張乃驥
　　　　　　　　　　　　　　　　　　　　　　　　　　　張乃騤
　　　　　　　　　　　　　　　　　　　　　　　　　　　張乃騊
　　　　　　　　　　　　　　　　　　　　　　　　　　　張湘英
　　　　　　　　　　　　　　　　　　　　　　　　　　　（女）
　　　　　　　　　　　　　　　　　　　　　　　　　　　張淑英
　　　　　　　　　　　　　　　　　　　　　　　　　　　（女）

　　　　————（東號）：張寶善 ————— 張增熙 ————— 張乃燕
　　　　　　　　　　1856－1926　　　1875－1922　　　張乃瑚
　　　　　　　　　　　　　　　　　　　　　　　　　　　（女）
　　　　　　　（字定甫，夫人龐氏）　（字弁群，夫人蔣汝芝）張乃端
　　　　　　　　　　　　　　　　　　　　　　　　　　　（女）
　　　　　　　　　　　　　　　　　　　　　　　　　　　張乃莊
　　　　　　　　　　　　　　　　　　　　　　　　　　　（女）
　　　　　　　　　　　　　　　　　　　　　　　　　　　張乃怡
　　　　　　　　　　　　　　　　　　　　　　　　　　　（女）

　　　　　　　　　　　　　　　張增澄 ————— 張蕊英
　　　　　　　　　　　　　　　　　　　　　　　　　　　（女）
　　　　　　　　　　　　　　1877－1950　　　張芷英
　　　　　　　　　　　　　　　　　　　　　　　　　　　（女）
　　　　　　　　　　（字靜江，夫人姚蕙；朱逸民）張芸英
　　　　　　　　　　　　　　　　　　　　　　　　　　　（女）
　　　　　　　　　　　　　　　　　　　　　　　　　　　張荔英
　　　　　　　　　　　　　　　　　　　　　　　　　　　（女）

張菁英（女）
張乃琪（女）
張乃昌
張乃恒（女）
張乃理（女）
張乃琛（女）
張乃珣（女）
張乃榮

張增鑒 ——————— 張緯文（女）
1882－？ 張藕舫
（字淡如，夫人高芬） 張馨山
張振飛

張增翰————— 張乃鳳
1884－1964 張乃鳴
（字墨耕，夫人高如芸） 張乃鶼
張俊文（女）
張慧文（女）

張增謙 ——————— 張瑞雲（女）
1886－1949 張珠雲（女）
（字讓之，夫人丁琴；邱景瑜） 張乃璋
張乃雄
張乃鷴
張乃鵠
張乃鸚
張乃鵡
張乃鳦
張瑋雲（女）

張增佩 ——————— 張乃瑾（女）
1899－1963 張乃辛
（字久香，夫人邱愛珠；董龍珠？－1996） 張乃庚
張乃潤（女）

張增華 ——————— 張乃琇（女）

1900－1964   張乃玉（女）
（字鏡芙，夫人周六和；金鈺） 張乃琬（女）

張乃申（女，
俞嶺梅）

張乃瑚（女）

張乃鸝

張乃開

張乃乾

張乃寅

張珍儒（女）

張佩銘（女）

表二：南號大房

張乃熊（字芹伯，夫人邢晉祿；郭後全）：1891－1945

 張澤玘（字穎初、啟寶，1922，丈夫盛鍾駿1920－2005）

  ——盛冠成（1945，夫人屠美華1948）

    ——盛樹榮（1981）

  ——盛仰高（1947，夫人馮吉子1953）

    ——盛樹德（1983）

  ——盛泰豐（1948，夫人陳萍萍1952）

    ——盛樹華（1978）

 張澤璿（字齊七1924）

 張澤瑚（字殷六1926，夫人陳菊英1932）

  ——張貽彤（1960，夫人華希芳1961）

  ——張謀成（1995）

  ——張謀隆（1998）

 張澤琮（又名張琮1930，丈夫曹永祿1920）：

  ——曹玉聲（1958）

    ——路澤明（1990）

    ——路臻長（1994）

  ——曹振東（1959，夫人李詠怡1967）

    ——曹渭禾（1996）

——曹汕琳（1998）

張澤琪（又名張琪 1932，丈夫孫秉賢1928）
——孫裕後（1956，丈夫吳軍1957）
——吳詩洋（1991）

張澤瑾（字會五1936，夫人傅玲梅1943）
——張琦（1967，夫人朱育敏）
——張心玥（2000）
——張瑾（1969，丈夫陸平）
——陸怡欣（1995）
——張鈞（1972，夫人汪國秀）

張澤球（1944，夫人黃瑞瑄1948）
——張貽（1975，丈夫陸雄偉1972）

表三：南號四房

張乃驊（字仲平，夫人邢定1893－1954）：1892－1918
張珩（名澤珩、字蔥玉，1914－1963，夫人顧湄1916）
——張貽義（Micky1941，夫人陳小莉1947）
——張曼（Linda）
——張貽文（1946，丈夫陳樹仁1946）
——陳智寅（Ryan1975，夫人薛敏紋 Cynthia 1974）
——張貽爻（Dicky 1947，夫人周瀾1952）
——張謀遠（Joe 1980，夫人尹早軟Joanne1984）

張微（1922，丈夫賈儉昌1916－2004）
——賈通藝（夫人張忻）
——賈樂（丈夫袁中堅）
——袁強
——袁琳（女）

表四：南號六房

張智哉（丈夫徐慰萱）：1898－1971

    徐昌澤（字潤蒼，1919－1989，夫人Mary）

      ——Anna（丈夫Jim）

      ——Caroline(丈夫Jonn Walker)

          ——Peter

          ——Emily

      ——Anthony

      ——Fiona

    徐景淑（1920，丈夫顧正言1920－1998）

      ——顧仁身（1949，夫人林雪靈）

          ——顧修德（Ryan）

          ——顧修靈（Jackie）

      ——顧吉身（1950，夫人鄺紫蘭）

          ——顧修蘭（Lauren）

          ——顧修宏（Westley）

      ——顧慶身（1952，夫人楊潔）

          ——顧修慧（Danielle）

          ——顧修忠（Spencer）

      ——顧棣華（1956，丈夫鯉門吉烈Ric Lehman）

          ——顧修偉（Cameron）

          ——顧修智（Alexanderia）

          ——顧修華（Sydney）

表五：南號七房

張乃驥（字叔馴，夫人徐懋倩1900－1998）：1899－1948

    張澤璋（字南琛 Nelson，1923，夫人席與時 Edith，1929）

      ——張貽倫（Phyllis 1957，丈夫顧智銘Riccardo Gusella 1957）

      ——張貽仁（Edmund 1958，夫人Susan Sylligardos 1959）

          ——張謀士（Alesandaer1998）

      —張貽智（Laurence 1965，夫人Michele Jacques 1963）

          ——張謀文（Stephen 1995）

          ——張謀恩（Harrison 1996）

    張澤璉（字北琍 Shelley 1926）

表六：南號九房

張乃駴（字瞿龕、九松，夫人徐靜怡1909－1993）：1912－1962
　　張澤瑛（1932，丈夫黃耀良1930）
　　　　——黃勤（1954，丈夫王烈順1950）
　　　　　　　——王詩海（1972）
　　　　　　　——王海青（1976）
　　　　——黃淑韻（1955，丈夫林克勤1955）
　　　　　　　——林琳（1983）
　　　　——黃玨慧（1960，丈夫黃斯平1958）
　　　　　　　——黃雲峰（1986）
　　張澤琇（1933，丈夫黃複震1925）
　　　　——黃筠（1964－1973）
　　　　——黃暉（1967）
　　　　　　　——黃慧瑩（1993）

　　張澤玲（1934，丈夫王阿二）
　　　　——王鈺（1966）

　　張澤珪（1935－2006，夫人艾廉鉞1933）
　　　　——張貽戰（戰－1970，夫人徐懷英1978）
　　　　——張貽競（競－974，夫人宋莉1976）

　　張澤榮（1937，夫人卞小吉1943）

　　張澤佩（1939，丈夫施金髮）
　　　　——施翠英（丈夫葉祖明）
　　　　　　　——葉嵐

表七：南號十一房

張乃駧（字景裴，夫人陳文蔚1917－1994）：1913－1952
　　張澤玲（1938，丈夫李安椿）
　　　　——李守雍（丈夫鄭華）

　　　　——李守彧

張澤琪（丈夫馬積量）
　　　　——馬曄（丈夫龔勝）

張澤瑁（丈夫關儉安）
　　　　——徐秉辰

張澤璟（丈夫呂光宇）
　　　　——呂辰培

張澤瑢（丈夫楊建民）
　　　　——楊宗翰

表八：南號十二房

張湘英（字菊寶 Helen，丈夫吳世植Raymond 1923）：1922－
　　　吳藹倫（Ellen 1950，丈夫譚耀衡Paul 1949）
　　　　　——譚蕙雯（Jennifer 1980）
　　　　　——譚蕙琦（Genny 1982）
　　　　　——譚庚銘（Jestine 1987）

　　　吳藹達（Ada 1958，丈夫蔣文華 1959）
　　　　　——蔣肇怡（Jesmine1988）
　　　　　——蔣恩而（Lianne 1993）

表九：南號十三房

張淑英（字福寶，丈夫趙閏章1925）：1926－
　　　趙希洺（1946，夫人高文珠1949）
　　　　　——趙璐吉（1976）

　　　趙希文（1948，夫人伍蘭芳1966）
　　　　　——趙嘉豪（1993）
　　　　　——趙嘉敏（1995）

張增熙（字弁群，夫人蔣汝芝）：1875－1922
　　　　張乃燕（字君謀1894－1958，夫人邢景陶？－1976）
　　　　　　——張澤琳（1929－1996，夫人翁國華）
　　　　　　　　　　——張文嘉（夫人趙潔）
　　　　　　——張澤琦（1930－）
　　　　　　　　　　——張鴻嘉
　　　　　　——張澤玢（女）
　　　　　　——張澤璿（女）
　　　　　　——張澤琭（女）

　　　　張乃瑚（女）

　　　　張乃端（丈夫謝彬如）
　　　　　　——謝靜賢（女）
　　　　　　——謝景昭（女）
　　　　　　——謝瑜（女）
　　　　　　——謝景憲（女）
　　　　　　——謝麗石（女）

　　　　張乃莊（1903－2003，丈夫樂文照1896－1979）
　　　　　　——樂嘉裕（夫人張自省）
　　　　　　　　　　——樂美禮（女）
　　　　　　　　　　——樂美俊
　　　　　　　　　　——樂美玲（女）
　　　　　　——樂嘉銘（丈夫王維棟）
　　　　　　　　　　——王新棣
　　　　　　　　　　——王新堯
　　　　　　——樂嘉馨（丈夫嚴歐納）
　　　　　　　　　　——嚴爾裴
　　　　　　——樂嘉正（夫人董頤儀）
　　　　　　　　　　——樂美勤（女）
　　　　　　　　　　——樂偉霖

張乃怡（丈夫趙曾玨1901－2001）
　　——趙永炎（Victor，1932－1999，夫人佩捷）
　　　　——趙英奇
　　　　——趙弄玉

表十一：東號二房

張增澄（字靜江、人傑，夫人姚蕙1879－1918；朱逸民1901－1991）1877－1950
　　張蕊英（Theresa 1900－1950，丈夫瞿濂甫Paul）
　　　　——瞿明明（Geogette，1931；丈夫張步崐）
　　　　——瞿英英（Paulette朱英，1933；丈夫陳厚鈞）
　　　　——瞿莉莉（Yuette，1934）＃
　　　　——瞿斌斌（Steven，1936；夫人洪雪芬）
　　　　——瞿愷愷（1937，夫人吳益欣）
　　　　——瞿和和（Yvonne1939，丈夫湯延林）

　　張芷英（Yvonne 1902－1975，丈夫周君梅1896－1989）
　　　　——周孟慈（Mildred）
　　　　——周世經（Albert）
　　　　——周麗緯（Marcella）
　　　　——周淑景（Micheline）

　　張芸英（Suzanne 1904－1998，丈夫陳壽蔭1904－1975）
　　　　——陳平（1928，夫人賀嘉善1934）
　　　　　　　　——陳一新（夫人李飛容）
　　　　——陳鵬（1937－2003）
　　　　　　　　——陳婕（女）
　　　　　　　　——陳明

　　張荔英（Geogette 1904－1995，丈夫陳友仁 Eugene）

　　張菁英（Helen1910－2004，丈夫林可勝）

張乃琪（1921－2002，丈夫俞時中）
　　　——David（1944）

張乃昌（1922，夫人Julie Yang；Rose）
　　　——Marcus（1956）
　　　——Christine（1957）
　　　——Andew（1959）
　　　——Peter（1963）
　　　——Ophelis（1964）
張乃恒（1924－2004）

張乃理（1925，丈夫Paul Smith）

張乃琛（1928，丈夫Henry Yung；Edward Miller）
　　　——榮亮（Henry Yung Jr 1964）

張乃珣（1932，丈夫Eric Ho）
　　　——Barbara（1957）
　　　——Marianne（1960）

張乃榮（1933，夫人Pu Wei Wan）
　　　——Elizabeth（1964）
　　　——Susan（1969）

表十二：東號三房

張增鑒（字澹如，夫人高芬）：1882－？
　　　張緯文（1905，丈夫吳錦慶）
　　　　——吳大峻（夫人余秀蘭）
　　　　——吳大德（夫人方Anna）
　　　　　　——Richard

　　　張藕舫（1908－1994，夫人劉瑛聞）
　　　　——張通（夫人 Dolly Wong）
　　　　　　——Susan（丈夫 Tom Persons）

　　　　　　　　　　　　——Jacik

　　　　　　　　　　　　——Nicole

　　　——張華（丈夫唐叔虞）

　　　　　　　　　　——唐心淵（Winfred）

　　　　　　　　　　——唐若渝（Vanessa，丈夫侯均璐）

張馨山（夫人陳昭文）

　　　　　　　——張淑南（丈夫薩文漢）

　　　　　　　——張永

　　　　　　　——張瑞

張振飛（夫人徐小惠）

　　　——張仁

　　　——張長

　　　——張力（女）

　　　——張季

表十三：東號四房

張增翰（字墨耕，夫人高如芸）：1884－1964

　　　張乃鳳（1904年，夫人陶振智 1905－1994）

　　　——張宏（1929－1991，丈夫張泉清1925）

　　　　　　　　——張本剛（1958，夫人張昭1962）

　　　　　　　　——張丹（1961，丈夫于明來1960）

　　　——張時（1933）

　　　　　　　　——沈克勤（1960，丈夫周鐵1950）

　　　　　　　　——沈建生（1969）

　　　——張甯（1936，夫人溫慶英1935）

　　　　　　　　　——張喆（1972）

　　　張乃鳴（鳴九，1907－1971，夫人梅令儀）

　　　——張澤維（女）

　　　——張澤仲（女）

　　　張俊文（丈夫陳琦）

張慧文（女）

張乃鸝（四維，1923－2005，夫人吳方1925）
——張澤榮（夫人唐旭蘭）
——張澤華（丈夫王碩）
——王光淳

表十四：東號五房

張增謙（字讓之，夫人丁琴；邱景瑜）：1886－1949
張瑞雲（丈夫陳祖光）
——陳希言
——陳嘉令
——陳凱令（丈夫陳訓勤）
——Warren
——Claire
——陳維令（丈夫Don Britton）
——陳希德（夫人Andrea）
——J·Apter
——Abraham

張珠雲（丈夫許寬生）
——許令德（丈夫蒯本忠）
——蒯乃華
——蒯乃倩

張乃鶼（夫人王隔初）
——張澤梁（夫人徐彥萍）
——張黎
——張澤民
——張馨（丈夫焦大經）
——焦陽
——張瑛（丈夫任全新）
——任剛

張乃雄（1920－1988，夫人周惠賢）
　　　　——張澤賢（1946，夫人朱銘1948）
　　　　　　　　——張潯
　　　　——張澤平（1949，夫人徐道若）
　　　　——張澤周（夫人李紅）
　　　　——張依民（1947，丈夫顧為安）
　　　　　　　　——顧國彝（1976）

張乃鷯（1920－2003，夫人沈驪琴1924）
　　　　——張錚（丈夫王寶華）
　　　　　　　　——王佳意

張乃鵠（夫人羅惠貞）
　　　　——張佩芝（丈夫馮偉光）

張乃鸚（1927）

張乃鷦（1928，夫人陳敏）

張乃鳧（1930，夫人卓兆琦）
　　　　——張崧（夫人劉安麗）
　　　　——張梅

張瑋雲（1933－2004，女）

表十五：東號六房

張增佩（字久香 ，夫人邱愛珠；董龍珠？－1996）1899－1963
　　　　張乃瑾（丈夫劉世熙，字穆清）
　　　　　　　　——劉倫
　　　　　　　　——劉儀

　　　　張乃辛（1927－1999）

　　　　張乃庚（1928－1997）

張乃潤（1932，女）

張乃珏（＃）

表十六：東號七房

張增華（字鏡芙，夫人周六和；金鈺1897－1958）1900－1964
        張乃琇（女）

        張乃玉（女）

        張乃琬（丈夫凱西若）

        張乃申（又名俞嶺梅，丈夫錢定華）
            ——錢宏毅
            ——錢宏達
            ——錢宏燕（女）
            ——錢宏誠
            ——錢宏元
            ——錢宏梅（女）
            ——錢宏偉

        張乃瑚（女）

        張乃鶚（夫人黃慧琴）
            ——張智明
            ——張曉明
            ——張梅君（女）

        張乃開（夫人陸琴仙）
            ——張惠萍（丈夫袁澤榮）
                ——張昕（女）

```
——張惠玉（丈夫黃鐵山）
        ——黃倩（女）
——張智宏（夫人祝友香）
        ——張一凡
——張惠玲（丈夫潘成貴）
        ——潘立維


張乃乾（夫人徐妙雯）
——張旗（夫人徐虹）
        ——張亦昕（女）
——張衛（夫人戴懿）
        ——張宸詣（女）


張乃寅（夫人吳美君）
——張莉（女）
```

備註：（1）：張家的世系表分列成若干分表，由一張總表來統轄，以期方便查閱。

（2）：名字後面的年份是出生年月或是生卒年份。

（3）：過去中國的大家族總要用一首詩，來作為後代子孫取名、排輩分的依據。張家東號的詩是：「鴻寶增乃澤，嘉謨樹懋勳，文章傳奕世，孝友勵同群。」（這是張家東號的張乃燕記錄下來的）

張家南號的詩是：「鴻寶增乃澤，貽謀得裕昆，光宗繩祖武，一本永安尊。」（這是張惠玉1941年3月8日的日記中記錄下來的）。由於種種原因，張家後人沒有完全按照祖上的意圖取名字。

（4）：張家南號張石銘原有13個孩子，其中第2、3、5、8是女兒，第10是兒子，均不幸早夭。

（5）：名字後面帶有「＃」號的為早夭。

（6）：中文名字後面的英文是英文名字。

附錄二　南潯張家主要姻親關係表

南潯桂家

南潯桂家是書香門第，歷代都是讀書人。老太爺桂琴甫的女兒嫁給了張頌賢的大兒子張寶慶，後人稱之桂太夫人，生有獨子張石銘。

南潯龐家

南潯「四象」之一，龐家老太爺龐雲鏳是著名的絲商和軍火商，與「紅頂商人」胡雪巖有密切的聯繫　曾擁有上海外灘金利來碼頭（現十六鋪碼頭）等多項企業。龐家在南潯的花園宜園與張家的東園僅一牆之隔。兩家是親家，也是生意上的夥伴。龐雲鏳的女兒是張頌賢的二兒子張寶善的夫人，即張弁群、張靜江等人的母親。著名書畫收藏家龐萊臣和革命黨人龐青城是張氏兄弟的舅舅。

烏鎮徐家

桐鄉烏鎮首富，在上海經營房地產和銀錢業，據說當年烏鎮上的房子大半都是徐家的。徐家是儒商，家學淵源，三代人均會吟詩作文。張石銘的元配夫人是烏鎮徐家小姐徐咸安（徐咸安的父親徐煥謨、伯父徐煥藻都有詩集傳世；徐咸安本人亦有詩集印行；徐咸安的弟弟徐曉霞也有詩作傳世）。徐咸安的弟弟徐曉霞又是張石銘第七子張叔馴的丈人，即徐曉霞的女兒徐懋倩嫁給了張叔馴。（徐家在上海有廣泛的社會聯繫：徐懋倩的母親錢德珩是嘉善官宦人家錢家的二小姐；徐懋倩的舅舅錢泰是民國年間中國駐比利時大使——他的夫人是南潯邢家小姐，名邢蕊芬；徐懋倩的姨媽錢德坤嫁孫寶琦的長子、住持銀行買辦孫用持；另一個姨媽錢德璋嫁南潯劉家、嘉業堂主人劉承幹；徐懋倩的三妹夫是上海著名實業家姚慕蓮的兒子姚新泉。）

震澤徐家

著名絲商，在上海有不少商業投資，在蘇州河邊建有大宅門。張石銘的繼室夫人是震澤徐家小姐徐清卿；徐清卿的侄女徐靜怡嫁張石銘第九子張瞿盦。張石銘的六小姐張智哉嫁徐清卿夫人的侄子徐慰萱。

南潯邢家

南潯「八牛」之首，號稱八代業絲，是南潯最早業絲的富商之一。張家與邢家有多門姻親：張石銘的長子張芹伯的元配夫人是邢家小姐邢晉祿；張弁群的兒子張乃燕的夫人是邢家小姐邢景陶，與邢晉祿是堂房姐妹；張石銘四子張乃驊的夫人是邢家四小姐邢定；邢定沒有女孩，向她的姐姐邢珊文過繼了一個女兒，即張微；邢晉祿的妹妹嫁百樂門老闆顧聯承，而張石銘在南潯的老宅懿德堂的一部分（西洋樓），就是向顧家買來的。張石銘的三女兒嫁給邢家，可惜早逝，但是張家仍把邢家公子當自家女婿。

南潯劉家

南潯「四象」之首，老太爺劉鏞以絲業發家。劉家在南潯有著名的小蓮莊和嘉業堂藏書樓（現被列為全國重點文物保護單位），在上海擁有大量房地產。1956 年公私合營時，劉鏞的第四子劉湖涵名列全市私營房地產業主第一。劉鏞的一個孫子劉世熙娶了張寶善第六子張久香的女兒張乃瑾；張叔馴岳母的妹妹錢德璋嫁劉家大房、嘉業堂藏書樓主人劉承幹。

南潯周家

南潯「八牛」之一，祖上靠絲鹽發家。周慶雲年輕時跟張家老太爺張頌賢學辦鹽。張寶善第七子張鏡芙的元配夫人是周家小姐周六和；繼室夫人是南潯金家

小姐金鈺；張靜江的二女兒張芷英嫁周慶雲的侄子周君梅；六女兒張乃琪的婆婆（俞時中的母親）與周君梅是姐弟。張鏡芙的四女兒張乃申過繼給周家十一小姐，改名俞嶺梅（其父俞哲民與俞時中的父親俞俊民是兄弟）。

南潯邱家

南潯「八牛」之一，也是靠絲業發家的富戶。張石銘的五小姐嫁南潯邱家（因病早逝）；張寶善的六子張久香的元配夫人是邱家小姐邱愛珠；張寶善的五子張讓之的繼室夫人也是南潯邱家的小姐，名邱景瑜。

南潯蔣家

南潯「八牛」之一，也是靠絲業發家的富商。蔣家不僅經商，還富藏書，三代人都是藏書家，以密韻樓藏書著稱於世。張寶善長子張弁群的夫人是蔣家小姐蔣汝芝，她的兄弟是著名藏書家、密韻樓主人蔣汝藻。

蘇州姚家

官宦之家。張靜江的元配夫人姚蕙是道台（蘇州人，姚菊岐）的女兒。姚蕙夫人的弟弟姚叔萊是張靜江在海外創辦的通運公司的總經理。

蘇州席家

張叔馴的大兒子張南琛娶蘇州東山著名銀行世家席家、上海造幣廠廠長席德柄的六小姐席與時為妻；席與時的伯父即原中國銀行總經理席德懋。

無錫郭家

無錫富戶,晚清時期郭家有一小姐嫁入皇室,成為福晉,家室更為顯赫。張芹伯的側室郭後全即為郭家小姐。

上海盛家

上海著名實業家族。張芹伯的大女兒張穎初嫁上海銀行公會會長盛竹書之孫盛鍾駿。

蘇州顧家

張乃驊的兒子張蔥玉娶蘇州顧家小姐顧湄為妻(顧湄的妹妹由張蔥玉介紹,嫁給著名醫學界、收藏界人士丁福保的兒子、上海虹橋療養院的創辦人丁惠康)。

浦東顧家

老太爺顧蘭洲是上海灘著名營造商,承建過許多著名建築,如英國上海領事館、英商怡和洋行大樓、先施公司等,還曾擁有過一條鐵路——上川鐵路(現已拆)。張石銘的六小姐張智哉的女兒徐景淑,嫁顧蘭洲的孫子顧正言。

北京吳家

英商滙豐銀行買辦家族。張石銘的七小姐張湘英嫁滙豐銀行北京分行買辦吳幼舲之子吳世植。

上海古神父路董家

上海知名商人。張久香的繼室夫人是上海古神父路(今永福路)董家小姐董龍珠。

附錄三 南潯張家主要社會關係表

政治、外交界

李鴻藻（1820 － 1897）

　　河北人，晚清重臣之一，「清流」派系的主帥，曾任軍機大臣、工部尚書、
兵部尚書、戶部尚書、吏部尚書。

康有為（1858 － 1927）

　　廣東人，「公車上書」的發動者，促成了「百日維新」，後堅持改良主張，
組織保皇黨。

吳稚暉（1865 － 1953）

　　江蘇人，同盟會會員，愛國學社、世界社的創辦人之一，國民黨中央監
察委員會委員、中央研究院院士。

孫中山（1866 － 1925）

　　廣東人，同盟會總理，中華民國臨時大總統，中國國民黨的創始人，中
國民主革命的先行者。

孫寶琦（1867 － 1931）

　　浙江人，晚清駐法國、德國公使，民國後曾任國務總理。

蔡元培（1868 － 1940）

　　浙江人，著名民主革命家、教育家，新文化運動的倡導者，曾任北京大
學校長、中國民權保障同盟副主席。

褚輔成（1871 － 1948）

　　浙江人，辛亥革命後任浙江省議會議長、浙江省民政廳廳長、上海法學
院院長。

徐自華（1873 － 1935）

　　浙江人，同盟會會員，南社社員，南潯潯溪女校校長，秋瑾的好友。

秋瑾（1875 － 1907）

　　浙江人，同盟會會員，著名女革命家。

齊如山（1875－1962）

　　著名京劇理論家、劇作家，梅蘭芳的長期合作者。

廖仲愷（1877－1925）

　　廣東人，著名革命黨人，孫中山先生的摯友。

陳英士（1878－1916）

　　浙江人，同盟會會員，辛亥革命後任滬軍都督，1916年被袁世凱派人暗殺於上海寓所。

藍天蔚（1878－1922）

　　湖北人，職業軍人，1921年任鄂西聯軍總司令。

于右任（1879－1964）

　　陝西人，同盟會會員、書法家，國民政府監察院院長。

何香凝（1879－1972）

　　廣東人，廖仲愷先生夫人，同盟會會員，著名女革命家，婦女運動領導人之一，解放後任全國政協副主席等職。

胡漢民（1879－1936）

　　廣東人，同盟會書記部書記，國民黨元老之一，1927年後曾任國民政府主席、立法院院長。

譚延闓（1880－1930）

　　湖南人，光緒進士，1927年後歷任國民政府主席、行政院院長。

張繼（1881－1947）

　　河北人，同盟會會員，國民黨元老之一，曾任國民黨宣傳部長，是「西山會議派」的首腦之一。

李石曾（1881－1973）

　　河北人，李鴻藻第三子，同盟會會員，世界社創辦人之一，中法大學董事長，北京大學教授。

王寵惠（1881－1958）

　　廣東人，美國耶魯大學法學博士，同盟會會員，曾任南京國民政府司法部長、外交部長、行政院代理院長。

汪精衛（1883－1944）

生於廣東，同盟會會員，廣州國民政府主席，1930 年後任南京國民政
府行政院院長。

鮑羅廷（1884 － 1951）

蘇聯人，受蘇聯政府派遣，1923 年來華任孫中山先生的首席政治顧問，
促成第一次國共合作，協助孫中山創辦黃埔軍校。

周佩箴（1884 － 1952）

浙江人，同盟會會員，民國後曾任杭州造幣廠廠長、農民銀行董事、代
總經理；亞東銀行董事長。

李濟深（1885 － 1959）

廣西人，曾任國民革命軍總參謀長，1929 年去南京協調蔣桂矛盾時被
蔣扣留。解放後任中央人民政府副主席。

許崇智（1886 － 1965）

廣東人，同盟會會員，孫中山大元帥府參軍長、廣東省政府主席。

蔣介石（1887 － 1975）

浙江人，同盟會會員，1938 年任國民黨總裁。

顧維鈞（1888 － 1985）

江蘇人，著名外交官，先後擔任北洋政府外交總長、民國政府駐法、英、
美國大使、海牙國際法庭法官、副庭長。

戴季陶（1890 － 1949）

浙江人，同盟會會員，曾任孫中山先生秘書、國民黨中央宣傳部長，蔣
介石的摯友，1949 年在廣州自殺。

孫科（1891 － 1973）

孫中山之子，國民政府委員，國民政府建設委員會常委，鐵道部部長。

鄭毓秀（1891 － 1959）

廣東人，同盟會會員，法學博士，中國第一位女律師，曾任上海審判廳
廳長。

陳果夫（1892 － 1951）

浙江人，同盟會會員，曾任國民黨中央組織部部長、中國農民銀行董事
長、蔣介石侍從室第三處主任。

宋慶齡（1893 － 1981）

　　廣東人，孫中山先生夫人，國際反帝聯盟名譽主席，世界反法西斯委員
　　會主要領導人之一，中華人民共和國名譽主席。

宋子文（1893 － 1971）

　　廣東人，南京國民政府財政部部長，中央銀行總裁。

朱家驊（1893 － 1963）

　　浙江人，國民政府教育部部長、浙江省政府主席。

魏道明（1898 － 1979）

　　曾任南京國民政府司法部長、立法院副院長。

陳立夫（1900 － 2003）

　　浙江人，陳果夫之弟，曾任國民黨中央組織部部長、軍事委員會調查統
　　計局局長、國民政府立法院副院長。

胡天石（1902 － 　）

　　圖書館專家，1933 年任日內瓦中國國際圖書館館長（該圖書館是用美
　　國「庚款基金」建立的）。

嚴幼韻（1905 － 　）

　　浙江人，中國通商銀行第一任總董嚴筱舫的孫女，社會活動家，顧維鈞
　　先生的夫人。

陳潔如（1906 － 1971）

　　朱逸民的女友，蔣介石的第三任夫人。

蘭妮

　　雲南人，孫科的側室。

邢亞平

　　浙江人，張家的遠房親戚，曾任蔣介石的警衛連長。

李平恒

　　中國駐世界勞工總會的代表，抗戰前常駐日內瓦。

文化、收藏界

馮煦（1842 － 1926）

江蘇人，光緒進士，安徽巡撫，《江南通志》總編纂官。

繆荃孫（1844 － 1919）

晚清最著名的版本目錄學家，創辦江南圖書館。

吳昌碩（1844 － 1927）

浙江人，著名畫家、書法家和篆刻家，西泠印社創辦人。

林琴南（1852 － 1924）

福建人，著名小說家、翻譯家，曾為張石銘繪《適園圖》。

陳夔龍（1855 － 1948）

貴州人，晚清湖廣總督、直隸總督兼北洋大臣，辛亥革命後蟄居上海，是晚清重臣中唯一活到抗戰勝利的人。

朱祖謀（1857 － 1931）

浙江人，著名學者、詞人，曾主廣東學政。

鄭孝胥（1860 － 1938）

福建人，晚清舊僚，擅書法，喜藏書，「海藏樓」主。

程德全（1860 － 1930）

四川人，清末江蘇巡撫，辛亥革命後任江蘇都督，1912 年任南京臨時政府內務總長。

端方（1861 － 1911）

滿洲正白旗人，晚清重臣之一，曾任湖廣、兩廣、直隸總督，兼北洋大臣。嗜古成癖，清末著名收藏家。

印光（1861 － 1940）

陝西人，俗名趙紹伊，法名聖量，淨土宗法師，1918 年起數次來滬傳播淨土宗，上海淨土宗因此興盛。

曾熙（1861 － 1930）

湖南人，光緒進士，書法家，辛亥革命之後寓居上海，賣字為生，書法與李瑞清齊名，並稱「曾李」。

周慶雲（1864 － 1933）

著名實業家、藏書家、詩人，以經理江浙一帶鹽務著稱，編有《鹽法通志》一百卷。

章鈺（1865 － 1937）

蘇州人，著名藏書家、版本目錄學家，「四當齋」樓主。

宗舜年（1865－1933）

江蘇人，著名藏書家，入端方幕，家有「咫園」藏書。

施肇曾（1865－1945）

浙江人，著名實業家、外交家，曾任交通銀行董事長、中國駐澳大利亞、印尼、新加坡等國領事。

羅振玉（1866－1940）

浙江人，著名收藏家、藏書家、古文字研究專家。

盧小鞠

烏鎮私塾先生，張石銘的元配夫人徐咸安的老師，在徐家設帳40年。

清道人（1867－1920）

江西人，俗名李瑞清，著名畫家，張大千的老師。

張元濟（1867－1959）

浙江人，著名出版家、藏書家，商務印書館經理、董事長。解放後任全國政協委員、上海博物館館長。

董康（1867－1947）

江蘇人，北洋政府時期曾任大理院院長、司法總長，藏書宏富，有「誦芬室」藏書樓。

潘明訓（1867－1939）

廣東人，上海工部局總辦，著名藏書家，「寶禮堂」藏書樓主。

徐積餘（1868－1946）

著名藏書家和碑帖收藏大家，「積學齋」藏書樓主。

方若（1869－1954）

浙江人，著名古錢幣收藏家、畫家，被譽為錢幣界「南張北方」中的「北方」。

龔心釗（1870－1949）

安徽人，光緒進士，著名實業家、收藏家、外交家。

傅增湘（1872－1950）

著名教育家、藏書家，曾任教育總長、故宮博物院圖書館館長，家有「雙鑒樓」藏書。

丁福保（1874 － 1952）

　　江蘇人，著名醫學家、佛學家、古錢幣收藏家，20 世紀 40 年代泉界泰斗。

夏敬觀（1875 － 1953）

　　江西人，著名學者，教育家，曾任浙江省教育廳長。

張壽鏞（1876 － 1945）

　　寧波人，光華大學校長，曾任南京國民政府財政部次長。

陳叔通（1876 － 1966）

　　浙江人，書法家、藏書家、詩人，上海合眾圖書館創辦人之一，解放後
任全國政協副主席等職。

李國松（1877 － 1950）

　　李鴻章的侄孫，嗜古物，富藏書，精鑒賞。

周湘雲（1878 － 1943）

　　浙江人，上海房地產鉅賈，大收藏家，以收藏青銅器和歷代名家字畫聞
名滬上。

張伯駒（1879 － 1982）

　　河南人，著名收藏家，北京鹽業銀行總經理，解放後向國家捐獻大批珍
貴古畫，任吉林省博物館第一副館長。

劉體智（1879 － 1963）

　　晚清四川總督劉秉璋的第四子，著名銀行家、收藏家，「小校經閣」樓主，
以藏書、甲骨和青銅器聞名。

盧芹齋（1880 － 1957）

　　浙江人，原是張靜江家裏的廚師，跟張靜江到法國後，先在通運公司任職，
後自辦盧吳公司從事古玩出口貿易，成為旅美華人中最大的古董商。

吳啟周

　　江蘇人，原是張靜江家典當裏的「朝奉」，後來與盧欽齋一起辦盧吳公司，
從事古玩出口發財（他的母親是張淡如的奶媽）。

葉恭綽（1881 － 1968）

　　廣東人，北洋政府交通總長，「交通系」骨幹，書法家，廣東革命政府
財政部長，北伐後任南京國民政府鐵道部長。

徐森玉（1881－1971）

　　浙江人，著名版本目錄學家、金石學家、文博專家，曾任北京大學圖書
　　館館長、故宮博物院古物館館長、上海博物館館長。

劉承幹（1882－1963）

　　浙江人，南潯「四象」之一劉鏞之孫，嘉業堂藏書樓主。

顏福慶（1882－1970）

　　上海人，著名外交家顏惠慶之弟，上海醫學院院長。

張絅伯（1885－1969）

　　浙江人，銀行家，錢幣收藏家、著名民主人士。

鄭家相（1888－1962）

　　浙江人，錢幣收藏大家，他不僅收藏古錢幣，還留意收藏錢範，有「土
　　范富翁」的雅號，著有《中國貨幣發展史》。

徐新六（1890－1938）

　　浙江人，浙江興業銀行總經理，曾任上海工部局華董。

袁寒雲（1890－1931）

　　河南人，袁世凱次子，袁家騮之父，喜藏書，精鑒賞，能詩擅繪，為晚
　　清「四大公子」之一。

王蔭嘉（1892－1949）

　　江蘇人，著名錢幣收藏家，因收藏了一枚錢背上有「殷」字的「天德重
　　寶」而自號「殷泉」。

吳湖帆（1894－1968）

　　蘇州人，著名畫家、收藏家、詩人，解放後任中國美術家協會上海分會
　　副主席。

戴葆庭（1895－1976）

　　浙江人，資深錢幣商人，錢幣收藏、鑒定專家。

戴葆湘

　　浙江人，戴葆庭的弟弟，錢幣收藏家，以收藏太平天國錢幣聞名。

盛恩頤（1891－1958）

　　江蘇人，晚清洋務幹將盛宣懷第四子，曾任漢冶萍公司總經理，以跑馬、
　　豪賭著稱。

蔣伯塤（1894 － 1965）

　　江蘇人，錢幣和郵票收藏家。

魏廷榮（1893 － 20 世紀 80 年代）

　　富商之後，海上聞人之一，雅好收藏，解放初捐獻國家 200 余幅歷代珍
貴字畫，。

孫伯淵（1898 － 1984）

　　江蘇人，古董店老闆，碑帖和書畫收藏家、鑒定專家。

薛壽萱（1899 － 1971）

　　即薛學濂，江蘇人，旅美實業家、收藏家，晚清著名外交官薛福成的孫子。

鄭振鐸（1898 － 1958）

　　福建人，著名學者、藏書家，新文學運動的領導者之一，解放後任文化
部文物局局長、文化部副部長等職。

羅伯昭（1899 － 1976）

　　四川人，著名實業家、古錢幣收藏家，中國泉幣學社（1940 年）的創辦人，
任副會長。解放後任上海市黃埔區副區長。

許姬傳（1900 － 1990）

　　浙江人，梅蘭芳的秘書，梅派藝術研究專家。

周貽白（1900 － 1977）

　　湖南人，劇作家，著名中國戲劇史研究專家。

寶熙

　　晚清皇室成員，著名收藏家，曾任山西大學堂監督。

朱念陶

　　安徽人，中國第一家民營棉紡廠主朱幼鴻的弟弟，富收藏，精鑒賞。

劉公魯（1901 － 1937）

　　著名收藏家，「玉海樓」藏書樓主人劉世珩之子。

唐蘭（1901 － 1979）

　　浙江人，著名歷史學家、文字學家、故宮博物院副院長。

富文壽（1901 － 1971）

　　江蘇人，哈佛大學醫學博士，著名兒科專家，上海兒童醫院院長，《中
華醫學雜誌》、《中華兒科雜誌》的創辦者。

羅振常

    上海舊書店老闆，版本目錄學家，著名學者羅振玉先生之弟。

葉叔重（1903 － 1976）

    江蘇人，古董商人，盧吳公司在中國的主要成員。

丁惠康（1904 － 1979）

    江蘇人，丁福保先生之子，醫學博士，創辦上海虹橋療養院，任院長，
    喜收藏歷代珍瓷和高山族文物。

裴文中（1904 － 1982）

    河北人，著名史前考古學家、古生物學家，第一個北京人頭蓋骨的發現者，
    主持了周口店北京人的發掘和研究。

張善琨（1905 － 1957）

    浙江人，電影業和娛樂界的著名商人。

王季遷（1906 － 2002）

    又名王季銓，江蘇人，畫家，吳湖帆的學生。

曹大鐵

    江蘇人，著名畫家、藏書家，張大千的最後一位入門弟子，解放後為江
    蘇省文史館館員。

陳德和

    浙江人，海甯陳閣老的後代，張石銘家的女塾先生。

戴頌德

    上海的古董商人。

戴吉濤（D、J、T、）

    原先是上海的古董商，抗戰勝利後到了美國，成為著名的收藏家和慈
    善家。

鄧秋枚

    浙江人，晚清錢幣收藏大家。

朗悟和尚

    原在湖州，後在杭州靈隱寺的和尚，喜歡收藏古錢幣，與張叔馴友善，
    參加了張叔馴創辦的第一個古泉學會。

陳仁濤（1901 － 1959）

　　浙江人，上海房地產富商，錢幣收藏大家，中國泉幣學社後期的主持人。
他的藏品在解放初被國家整批從香港收購回來。

周仲芬

　　晚清舊僚，錢幣收藏大家。

張學銘（1908 － 1983）

　　東北人，張學良的弟弟，曾任天津公安局局長、天津市市長，解放後任
全國政協委員、民革中央委員。

謝稚柳（1909 － 1997）

　　江蘇人，著名畫家，曾任中央大學藝術系教授、上海博物館顧問、上海
美協副主席等職。

張丹斧（1909 － 1937）

　　江蘇人，著名報人，曾在《新聞報》等多家報社當編輯，是上海最著名
的小報《晶報》的主筆和編輯。

夏鼐（1910 － 1985）

　　浙江人，著名考古學家，社會活動家，中科院院士。

徐邦達（1911 －　　）

　　浙江人，畫家，鑒賞家，北京故宮古代字畫鑒定專家。

譚敬（1911 － 1991）

　　廣東人，廣東十三行的後裔，上海房地產鉅賈的後代，是書畫收藏大家，
也是臨摹高手。

啟功（1912 － 2005）

　　滿族人，著名書畫家、文博專家，解放後任中央文史館館長、國家鑒定
委員會主任委員。

湯臨澤

　　畫家、金石書畫收藏家，與譚敬是同門師兄弟，所臨摹古畫幾可亂真。

王世襄（1914 －　　）

　　福建人，著名收藏家、文博專家，曾任故宮博物院古物館科長。其母親
金章是南潯金家之後，金北樓的妹妹。

劉九庵（1915 － 1999）

　　河北人，文博專家，故宮博物院研究員，文化部文物鑒定委員會常委。

楊仁凱

　　四川人，著名文博專家，書畫家，遼寧省博物館研究員、館長。

馬定祥（1916－1991）

　　浙江人，著名錢幣收藏家，臨終將珍貴錢幣和大批錢幣資料捐獻國家。

羅哲文（1924－　）

　　四川人，著名古建築學家、文博專家，主持過多項著名古建築的修復。

黃永玉（1924－　）

　　湖南人，著名畫家，中央美院教授，中國美協副主席。

黃冑（1925－1997）

　　河北人，著名畫家，中國畫研究院副院長。

艾弗裏·白倫德其（Avety Brundage）（1887－1975）

　　美國芝加哥房地產富商，著名收藏家，他收藏的中國文物，全部捐獻給
了三藩市亞洲藝術博物館。他還是美國最熱心提倡和贊助奧林匹克運動
的富翁。

邱飛海（1901－？）

　　歸國華僑，著名網球運動員，中國國手，是參加英國溫布林敦網球賽的
第一個中國人。

林葆華

　　歸國華僑，著名網球運動員，與邱飛海齊名。

李霞卿（1912－1998）

　　廣東人，原為電影明星，藝名李旦旦，後學飛行，為中國第一位女飛行員，
抗戰時期曾駕機到歐美，為中國的抗戰募捐。

摩根（Morgan）

　　民國時期上海江南造船廠美籍總工程師。

經濟、實業界

胡雪巖（1823－1885）

　　安徽人，晚清著名紅頂商人，為浙江巡撫左宗棠辦理軍需後勤，經理官
庫銀務，經營絲、茶出口，1883年被洋商擠垮。

嚴信厚（1839 － 1907）

　　字筱舫，李鴻章的幕僚，鹽務起家，曾任中國通商銀行總董、上海總商會總理。

張謇（1853 － 1926）

　　江蘇人，著名狀元實業家、教育家、書法家，在江蘇和上海創辦多項現代企業。

徐伯熊（1870）

　　浙江人，銀行界人士，上海亞洲銀行董事長、國泰、江浙、民孚、江海銀行董事。

黃楚九（1872 － 1931）

　　浙江人，上海民國年間娛樂界和醫藥界大老闆，開設新新舞廳、新世界遊藝場、大世界遊樂場、九福制藥廠等。

姚慕蓮（1876 － ？）

　　浙江人，著名實業家，上海內地自來水公司董事長兼總經理，上海女子商業儲蓄銀行董事長，中國漁牧公司董事長。

盧學溥（1877 － ？）

　　浙江人，銀行家，浙江實業銀行發起人之一，曾任交通銀行董事長、上海造幣廠廠長、浙江實業銀行董事長。

盛丕華（1882 － 1961）

　　浙江人，著名實業家，曾任四明銀行經理，紅棉酒家董事長，解放後任上海市副市長、全國政協常委、全國工商聯副主任。

王曉籟（1886 － 1967）

　　浙江人，光復會會員，參加辛亥革命光復上海，曾任上海市商會主席，為「海上聞人」之一。

吳蘊齋（1886 － 1955）

　　江蘇人，銀行家，金城銀行上海分行經理、大公商業儲蓄銀行董事長、遠東商業儲蓄銀行董事長。

吳啟鼎（1891 － ？）

　　浙江人，銀行家，四明銀行董事長兼總經理。

李國欽（1892 － 1970）（K、C、LI）

> 湖南人，抗戰之前就到美國做生意的著名華僑富商，華昌貿易公司總經理。

繆雲台（1894 － 1988）

> 雲南人，著名實業家，雲南錫務公司總經理、富滇新銀行行長、勸業銀行總經理。

霍寶樹（1895 － 1963）

> 廣東人，曾任中國銀行總稽核，宋子文的金融助手。

劉儼亭

> 浙江人，南潯「四象」之一劉鏞的孫子。

李叔明（1900 － 1980）

> 中國農民銀行總經理、杭州電力公司董事經理。

盛蘋臣（1900 － 1964）

> 盛宣懷的第七子，抗戰前在滬主持東華足球隊，抗戰中到西南辦運輸，屬於孔祥熙、宋藹齡的「公館派」人物。

李祖永（1903 － 1959）

> 浙江人，寧波小港李家之後，著名實業家，大業印刷公司總經理、永業地產公司老闆。

徐士浩（1899 － 1961）

> 胡適的學生，著名律師。

奚鶴年

> 江蘇人，上海顏料富商。

葉琢堂

> 著名銀行家，上海女子銀行股東

Walter Kwok

> 廣東人，上海永安公司郭家的小兒子。

附錄四　主要參考書目

中文部分

1 ·《南潯鎮志》（四十卷），汪日楨編纂，咸豐九年（1863 年）

2 ·《南潯鎮志》（十卷，據 1840 年刻本鈔），範來庚，1936 年

3 ·《南潯志十卷　潯溪紀事詩二卷　朱文肅公詩一卷》，範來庚、範鍇等撰，
  1936 年

4 ·《南潯志》（六十卷），周慶雲（夢坡）編纂，1922 年

5 ·《南潯鎮志》（油印本），朱從亮、范希仁主編，南潯鎮工會，南潯鎮退休職
  工委員會印，1990 年

6 ·《南潯志稿》（手稿本），周子美，藏華東師大圖書館

7 ·《南潯鎮新志》（油印本），朱從亮，1980 年

8 ·《南潯文獻新志紀余》，朱從亮，2000 年

9 ·《南潯鎮志》，朱倍得主編，南潯鎮志編纂委員會編纂，上海科學技術文獻
  出版社，1995 年

10 ·《南潯擷秀錄》，周慶雲編纂，1919 年

11 ·《湖州市志》，湖州市地方誌編纂委員會編纂，昆侖出版社，1999 年

12 ·《湖州史料》，湖州市博物館編，1985 年

13 ·《「四象八牛」——南潯絲商十二家族》，林黎元，載湖州文史資料

14 ·《南潯富戶軼事》，徐桂章，載湖州文史資料

15 ·《南林叢刊》（正集五種），周延年（子美）輯刻，1936 年

16 ·《南林叢刊次集》（七種），周延年（子美）輯刻，1936 年

17 ·《山庸遺詩》，蔣文勳，1936 年

18 ·《湖州絲綢志》，湖州市地方誌辦公室，2000 年

19 ·《張謇全集》（第五卷），張謇，江蘇古籍出版社，1994 年

20 ·《莫干山志》，周慶雲輯，周延乃補，1936 年

21 ·《中國近代蠶絲業及外銷》（美），李明珠著，徐秀麗翻譯，上海社會科學
  院出版社，1996 年

22·《上海對外貿易》，上海社會科學院經濟研究所、上海市國際貿易學會學術委員會編著，上海社會科學院出版社，1989 年

23·《中國近代最大的絲商群體——湖州南潯的「四象八牛」》，陳永昊，陶水木主編，浙江人民出版社，2001 年

24·《中國東南的宗族與宗譜》，王鐵，漢語大辭典出版社，2002 年

25·《胡雪巖故居》，馬時雍主編，杭州出版社，2003 年

26·《民國張靜江先生人傑年譜》，楊愷齡，臺灣商務印書館，1981 年

27·《張靜江先生事略》，林黎元

28·《開國元勳 張鄉長靜江先生百歲誕辰紀念》，臺北市浙江同鄉會印發，1976 年

29·《中華民國名人傳·張人傑》，蔣永敬（臺灣），近代中國出版社，1984 年

30·《張靜江先生文集》（臺灣），中央文物供應社，1982 年

31·《民國人物列傳》，吳相湘，臺灣傳記文學出版社，1986 年

32·《張靜江先生百歲冥誕與回憶》（非賣品）趙曾玨（臺灣）慧炬出版社印行，1976 年

33·《張靜江傳》，張建智，湖北人民出版社，2004 年

34·《蔣介石的密友近臣》，文昊編，中國文史出版社，2004 年

35·《蔣介石傳》，何虎生，華文出版社，2005 年

36·《陳其美傳》，莫永明，上海社會科學出版社，1985 年

37·《我做了七年蔣介石夫人》，陳潔如，團結出版社，2002 年

38·《飄逝的風景》，顧音海，浙江攝影出版社，2003 年

39·《吳興周夢坡先生（慶雲）年譜》，周延乃編，1934 年

40·《夢坡五十壽言》，潘蠖等，1913 年

41·《吳興周夢坡先生訃告》，周延乃等，1935 年

42·《吳興周夢坡先生哀思錄》，周延乃輯，1935 年

43·《先考通奉府君年譜》，劉錦藻撰，光緒刻本

44·《求恕齋日記》（手稿本），劉承幹，藏上海圖書館

45·《嘉業堂主——劉承幹傳》，項文惠，浙江人民出版社，2005 年

46·《孫慕韓（寶琦）先生碑銘手鈔集》，楊愷齡輯（臺灣），文海出版社有限公司印行，1977 年

47 ·《擇是居叢書》（木刻本 56 冊），張石銘印行，1926 年

48 ·《適園叢書》（木刻本 192 冊），張石銘印行，1913 － 1917 年間

49 ·《張氏適園叢書初集》（木刻本 10 冊），張石銘印行，1913 年－ 1917 年

50 ·《適園藏書志》（木刻本，十六卷），繆荃孫編，張石銘印行，1916 年

51 ·《張鈞衡（石銘）哀啟》張乃熊等，1928 年

52 ·《張適園先生（鈞衡）哀挽錄》，張懿德堂輯，1928 年

53 ·《菱花館歌詩》（油印本），曹大鐵

54 ·《西泠印社百年史料長編》，西泠印社編纂，2003 年

55 ·《「百年名社　千秋印學」國際印學研討會論文集》，西泠印社編纂，2003 年

56 ·《韞玉樓遺詩》，徐咸安，張氏適園刊本，1915 年

57 ·《風月廬詩稿》，徐煥謨（綠滄），桐鄉徐氏刊本，1913 年

58 ·《頤園詩存》，徐煥藻，1899 年刻印

59 ·《顯考藝風府君（繆荃孫 1844 － 1919）行述》，繆祿保，1919 年

60 ·《藝風堂文漫存》（乙丁稿），繆荃孫

61 ·《藝風老人（繆荃孫）年譜》，1936 年

62 ·《藝風老人日記》，繆荃孫，北京大學影印出版，1985 年

63 ·《晚清藏書家繆荃孫研究》，張碧惠，臺北漢美圖書公司，1991 年

64 ·《淞濱吟社集》，周慶雲輯印，1914 年

65 ·《晨風廬唱和詩存》，周慶雲輯印，1914 年

66 ·《戊戌變法》，上海人民出版社，1972 年

67 ·《浙江的藏書家與藏書樓》，顧志興，浙江人民出版社，1987 年

68 ·《古泉雜誌》，張叔馴，1927 年

69 ·《古泉雜錄》（手稿本），張叔馴，1936 年

70 ·《倫敦中國藝術國際展覽會出品圖說》（4 冊），倫敦中國藝術國際展覽會
　　編印，1936 年

71 ·《張叔馴集錢生平》（手稿本），湖州市錢幣收藏家陳達農，2005 年

72 ·《齊齋錢幣搨本》，藏浙江省博物館「馬定祥中國錢幣研究中心」

73 ·《怎樣鑒定書畫》，張珩（張蔥玉），文物出版社，1960 年

74 ·《韞輝齋藏唐宋以來名畫集》（張蔥玉藏畫），鄭振鐸編，1947 年

75 ·《張蔥玉日記》（手稿本），1938 年－ 1941 年

76 ·《木雁齋書畫鑒賞筆記》，張珩，文物出版社，1991 年

77 ·《讀「絲」隨筆》，張乃鳳，知識產權出版社，2005 年

78 ·《情系中華大地 獻身土肥事業——賀張乃鳳先生百歲華誕》，中國農業科學
院，2003 年

79 ·《芹圃善本書目》，張乃熊（芹伯）編撰，廣文書局影印本，1969 年

80 ·《騰飛南藝》（南藝 65 周年紀念特刊），新加坡，南洋藝術學院，2003 年

81 ·《南藝 65 周年紀念美展》（新加坡），南洋藝術學院，2003 年

82 ·《亞洲立體主義繪畫：越界對話》，新加坡美術館，2006 年

83 ·《南洋藝術家在巴黎》，新加坡美術館，1994 年

84 ·《陳友仁傳》，錢玉莉著，河北人民出版社，1999 年

85 ·《文獻》雜誌（季刊），北京國家圖書館，2002 年－ 2003 年

86 ·《傳記文學》（臺灣），第六卷、第二十三卷

87 ·《最後十年》（鄭振鐸日記），陳福康整理，大象出版社，2005 年

88 ·《鄭振鐸——狂臚文獻鑄書魂》，王炳根，大象出版社，2004 年

89 ·《近代藏書三十家》，蘇精（臺灣），傳記文學出版社，1983 年

90 ·《南大百年實錄》（中央大學史料選），南京大學出版社，2002 年

91 ·《南京大學百年史》，王德滋主編，南京大學出版社，2002 年

92 ·《佛法與高壽——趙真覺教授八十壽慶專集》（臺灣），慧炬出版社印行，
1982 年

93 ·《趙曾玨教授簡歷》，趙曾玨教授家屬印，2001 年

94 ·《我們在上海霞飛路上的新家》（手稿本），張南琛，2005 年

95 ·《我們在海外的生活》（手稿本），張南琛，2005 年

96 ·《我們張家的歷史》（手稿本），張乃昌，2005 年

97 ·《聽媽媽講那過去的事情》（手稿本）張貽文　2005 年

98 ·《舊上海的證券交易所》，上海市檔案館編，上海古籍出版社，1992 年

99 ·《上海錢莊史料》，中國人民銀行上海市分行，上海人民出版社，1960 年

100 ·《中華影業年鑒》，1926 年

101 ·《鹽法通志》，周夢坡編著，1915 年

102 ·《上海輕工業志》，上海社會科學院出版社，1996 年

103 ·《上海造紙志》，上海社會科學出版社，1996 年

104 ·《上海黃浦區商業志》，上海科學技術出版社，1995 年

105 ·《現代上海大事記》，上海辭書出版社，1996 年

106 ·《吳興農村經濟》，中國經濟統計研究所，文瑞印書館，1939 年

107 ·《莫干山縱覽》，莫干山管理局編，1986 年

108 ·《人物和集藏》，鄭逸梅，黑龍江人民出版社，1989 年

109 ·《上海文史資料存稿彙編》，上海市政協文史資料委員會編，上海古籍出
版社，2002 年

110 ·《故宮往事》，文化藝術出版社，2006 年

111 ·《民國人物大辭典》，河北人民出版社，1991 年

112 ·《中國國民黨全書》，陝西人民出版社，2001 年

113 ·《革命逸史》，馮自由，商務印書館，1946 年

114 ·《孫中山生平事業追憶錄》，人民出版社，1986 年

上海市檔案館檔案

Q6 − 5 − 1152

Q55 − 2 − 1189

Q268 − 1 − 64

Q165 − 1 − 3

Q268 − 1 − 86 − 51

Q268 − 1 − 86

R1 − 3 − 307

S37 − 1 − 45

S173 − 1 − 21 − 1

Y15 − 1 − 136

南京國家第二檔案館檔案

453 — 224 — 2

453 — 229

46 — 000095

46 — 000186

46 — 762

816 — 28

648 — 746 — 823

648 — 1112 — 2214

16J3049 — 751

16J3049 — 752

外文部分

1、*Chiang Kai-shek's secret Past Chen*, Chen Jieru; Westview Press, 1993.

2、*The Early Chiang Kai-shek*, Loh Pichon; Columbia University Press, 1971.

3、Eminent Chinese of Ching Period, 1644-1912, Hummel Arthur W.Hommel; Chang Wen Publishing, 1970, Taipei.

4、*Men of Shanghai & North China, 2nd ed,* George Millst & Michell Fergusm Shanghai, 1935.

5、*Who's Who in China,* 2nd ed, Shanghai, 1919.

6、*China, a New History,* John Fairbank, Harvard University Press, Combridge, Ma 1992.

7、*The Search for Modern China,* Jonathan D. Spence, W.W.Norton&Co.NY, 1990.

8、*China Year Book,* 1937-1945, National Government Information Office, Chungking, 1945.

9、*A Monetary History of China,* Peng Xinwei (translated by Edward Kaplan),

Western Washington University, Bellingham, Wshington, 1993.

10、 *Chiang Kai-shek and The China He Lost,* Jonathan Fenby, Simon and Schuster, 2004.

11、 *Republican China, 1911-1949,* Franz Schurmon & Orville Schall, Random House, New York, 1967.

12、 *Salt, a World History,* Mark Kurlansky, Penguin Books, New York, 2002.

後記

要全方位地反映張靜江、張石銘這樣一個歷史久遠、人物眾多、影響廣泛的大家族，不是一件輕鬆的事情，最直接的困難就是原始資料的缺乏。因為過去很多年間累積起來的家族史料，都在「文革」中被「掃進歷史的垃圾堆」了，現在要作研究，就得四處尋覓，八方調查，重新積累。而如今張家後代分散在天南海北，國內國外，不少人已經年邁體衰，這就更增加了尋訪的困難。

好在張家是個「盛產」優秀人士的地方，他們幾代人都不約而同地追求卓越。卓越就是線索。就筆者所知，這個家族中的高科技人才比上海灘任何一個故家舊族都多。

本書的第一作者張南琛先生就是一位優秀人士，他始終在追求一種至高的境界，他身上的「反潮流」細胞不比其他人少。他14歲就跟隨父母到了歐美，如今真的是「少小離家老大回，鄉音未改鬢毛衰」。時下人們喜歡往國外跑，而他卻不容置疑地嚮往家

鄉，一有機會就往中國跑。他在尼克森1972年歷史性的「破冰之旅」之後不久，就偕夫人席與時女士來到了上海，此後的若干年間，他們夫婦十數次地飛渡太平洋，並率領子孫來尋根。時下有錢人喜歡把孩子送到國外去讀書和工作，而他的女兒生在美國，已經在美國獲得了博士學位，又來到北京讀中國博士，並且已經在中國工作了二十年。近些年來，張先生著手於家族史料的收集和研究，用英文寫下了數萬字的回憶錄，還為目前這部書稿的完成，提供了充足的經濟保障。他那嚴謹、負責、忘我、投入的精神，是筆者在從事家族史文字工作的十餘年間，遇到的最為突出的一位。本書能以翔實的資料面世，張先生付出了大量的心血。

關心和幫助過筆者的朋友有很多，張家人中除了張南琛、席與時夫婦，還有張乃鳳、張乃莊、張乃鸘、張乃昌、周孟慈、周淑景、張乃乾、張瑋雲、張湘英、張淑英、顧湄、張穎初、張微、徐景淑、張寧、張澤瑾、張澤瑚、張澤瑛、張澤琇、張澤珪、張澤玲、張澤璿、張澤璟、張澤瑁、張澤琪、陳平、瞿明明、瞿和和、朱英、張貽文、張貽爻、張貽義、張文嘉、趙潔、樂嘉銘、劉欣萬、張建智、王增清、張毓奇等。他們中有六位（張乃鳳、張乃昌、張乃莊、張乃鸘、張瑋雲、張澤珪）如今已經離世，真是令人遺憾。

每次到南潯訪問或者拍照，原南潯文物保管所的幹部童立德老師；原鎮委書記朱倍得書記及其夫人楊老師；原南潯鎮的鎮長、如今擔任南潯旅遊協會會長的王永年先生和南潯鎮房管所的領導，都提供了熱情、有效的幫助，在此謹向他們表示衷心的感謝！

　　宋佩銘教授和李明潔博士承擔了這部書稿和大量英文資料的翻譯工作，自始至終地給予了熱切的關注和高質量的幫助，也向他們表示誠摯的謝意。

　　上海圖書館、上海檔案館、華東師大圖書館的同事和朋友們給予了查閱資料的方便，使筆者在著書的過程中受益匪淺。

　　本書的簡體字版已由重慶出版社於2006年年底推出，責任編輯蘇少波、周英斌老師是第二次與筆者合作，感謝他們為此書付出的辛勤勞動。

　　繁體字版現由臺灣秀威出版公司出版，該公司的發行人宋政坤先生和蔡登山主編，在簡體字版已經進入臺灣圖書市場的情況下，毅然允諾再印繁體字版，其敬業精神，不能不令人肅然起敬。

　　但願這本書能正確地反映那個既屬於南潯張家、也屬於整個江南文化的、剛剛過去的一個半世紀。

宋路霞

2007年11月

世紀映像叢書

世紀映像叢書

世紀映像叢書

國家圖書館出版品預行編目

張靜江、張石銘家族：一個傳奇家族的歷史紀實 /
　張南琛, 宋路霞著. --一版. --臺北市：
　秀威資訊科技, 2007.12-
　　冊； 公分. --（史地傳記；PC0035）

　ISBN　978-986-6732-50-8（下冊；平裝）

　1.張靜江　2.張石銘　3.家族史

544.292　　　　　　　　　　　　　　96024527

史地傳記　PC0035

張靜江、張石銘家族(下)——一個傳奇家族的歷史紀實

作　　者 / 張南琛、宋路霞
主　　編 / 蔡登山
發 行 人 / 宋政坤
執行編輯 / 詹靚秋
圖文排版 / 陳湘陵
封面設計 / 蔣緒慧
數位轉譯 / 徐真玉、沈裕閔
圖書銷售 / 林怡君
法律顧問 / 毛國樑　律師
出版印製 / 秀威資訊科技股份有限公司
　　　　　台北市內湖區瑞光路583巷25號1樓
　　　　　電話：02-2657-9211　傳真：02-2657-9106
　　　　　E-mail：service@showwe.com.tw
經 銷 商 / 紅螞蟻圖書有限公司
　　　　　台北市內湖區舊宗路二段121巷28、32號4樓
　　　　　電話：02-2795-3656　傳真：02-2795-4100
　　　　　http://www.e-redant.com

2008 年 1 月　BOD 一版
兩冊定價：　670 元

讀 者 回 函 卡

感謝您購買本書，為提升服務品質，煩請填寫以下問卷，收到您的寶貴意見後，我們會仔細收藏記錄並回贈紀念品，謝謝！

1.您購買的書名：_____

2.您從何得知本書的消息？

　　□網路書店　□部落格　□資料庫搜尋　□書訊　□電子報　□書店

　　□平面媒體　□ 朋友推薦　□網站推薦　□其他_____

3.您對本書的評價：(請填代號　1.非常滿意 2.滿意 3.尚可 4.再改進)

　　封面設計____　版面編排____　內容____　文/譯筆____　價格____

4.讀完書後您覺得：

　　□很有收獲　□有收獲　□收獲不多　□沒收獲

5.您會推薦本書給朋友嗎？

　　□會　□不會，為什麼？_____

6.其他寶貴的意見：_____

_____

_____

_____

讀者基本資料

姓名：_____　年齡：_____　性別：□女 □男

聯絡電話：_____　E-mail：_____

地址：_____

學歷：□高中(含)以下　　□高中　□專科學校　　□大學

　　　□研究所(含)以上 □其他_____

職業：□製造業 □金融業 □資訊業 □軍警 □傳播業 □自由業

　　　□服務業 □公務員 □教職　□學生 □其他_____

（請沿線對摺寄回,謝謝!）

秀威與 BOD

BOD（Books On Demand）是數位出版的大趨勢，秀威資訊率先運用 POD 數位印刷設備來生產書籍，並提供作者全程數位出版服務，致使書籍產銷零庫存，知識傳承不絕版，目前已開闢以下書系：

一、BOD 學術著作—專業論述的閱讀延伸
二、BOD 個人著作—分享生命的心路歷程
三、BOD 旅遊著作—個人深度旅遊文學創作
四、BOD 大陸學者—大陸專業學者學術出版
五、POD 獨家經銷—數位產製的代發行書籍

BOD 秀威網路書店：www.showwe.com.tw
政府出版品網路書店：www.govbooks.com.tw

永不絕版的故事‧自己寫‧永不休止的音符‧自己唱